KB119003

프리랜서지만 잘 먹고 잘 삽니다

프리랜서지만
잘 먹고 잘 삽니다

도란 지음

일에일북

회사 아닌 다른 길을 찾아도
내 삶은 망하지 않는다

잡지사에 다닐 때였다. 메인으로 발행하는 잡지와 부수적으로 만드는 작은 신문이 있었는데, 신문은 품이 크게 안 들어서인지 디자인을 프리랜서 디자이너에게 맡겼다. 그 디자이너는 일주일에 한 번 아침 일찍 출근해 오후 늦게까지 작업을 하고 돌아갔다. 30대 중후반으로 보였던 디자이너는 말수가 많지 않았다. 업무상 용건이 있으면 간간이 말을 주고받았고, 함께 점심식사를 할 때도 있었지만 역시 대화는 길게 이어지지 않았다. 동료들이 인심이라도 쓰듯 회식에 초대하면 그녀는 점잖게 거절하고 귀가하곤 했다.

일주일에 한 번 오는 사람이니 손님 같기도, 같은 매체를 만든다는 입장 때문에 한 식구 같기도 했다. 그래서인지 동료와 상사 들의 태도는 일관성이 없었다. 디자이너가 돌아가고 나면 항상 뒷말이 오고 갔으니 말이다.

"일주일에 한 번 나오는데 받는 돈은 나랑 비슷하대요."

"우리랑 같은 직원이면서 친근하지가 않아. 좀체 사근사근함이 없다고."

"어차피 직원인 건 똑같은데 매일 출근시키면 안 돼요?"

"아, ○○씨는 좋겠다. 나도 일주일에 하루만 일하면 좋겠다."

"결혼했다던데 애 키우려고 프리랜서 하는 거겠죠?"

생각해보면 그 디자이너는 자신의 개인사나 프리랜서를 하는 이유, 하다못해 작업 액수도 입 밖에 꺼낸 적이 없는데 사람들의 말 속에서 상상은 몸집을 불려갔다. 그런데 말과 인식이라는 게 직접 꺼내지 않아도 분위기와 공기로도 전해지는 게 당연지사. 당시 디자이너도 사람들의 수군거림을 짐작했으리라 생각한다.

그럼에도 디자이너의 얼굴은 항상 구김이 없었다. 뽀얀 얼굴에 동그란 안경을 얹고, 청바지에 늘 말끔한 셔츠를 입던 디자이너는 긴장이나 불편한 기색 없이 편편한 얼굴로 문을 열고 들어와 인사를 하고 제 자리에 앉아 일을 했다. 정해진 시간에 함께 식사를 하고 업무를 마치면 공손히 인사를 하고 돌아갔다. 정해진 업무를 온전히 마무리하는 게 프리랜서 디자이너의 일이었고, 그녀는 모자람이 없었다.

오히려 늘 불편하고 고생스러운 건 나를 포함한 정규직 직원들이었다. 마감일은 정해져 있는데, 취재하고 써야 할 기사는 늘 벅찼다. 사회생활이랍시고 서로 눈치 보고 비위에 안 맞는 아첨을 하는 것도 필요했다. 속으로 죽어라 싫어하는 회식에 참석해야 했고, 상사에게 웃음을 선사하기 위해 노래방에서 노래를 하고 우스꽝스러운 춤도 춰야 했다. 그런 회식 자리에 선심 쓰듯 프리랜서 디자이너를 초대하는 마음 씀씀이는 대체 어디서 나오는지 알 수가 없었다.

그렇게 프리랜서의 생활을 간접적으로 알 수 있던 직장생활이 수년간 이어졌고, 나는 총 9년간 회사를 다녔다. 몇 번의 이직도 있었다. 마지막 회사를 나올 무렵에는 퇴근길마다 머릿속에 깜지를 쓰듯 같은 말만 반복했다.

'나는 회사가 안 맞아. 회사생활이 정말 안 맞아. 회사 다니기 싫다. 회사 안 다니면 안 되나?'

돌이켜 생각해보면 오래전 사무실에서 마주치던 프리랜서 디자이너는 나의 지난한 회사생활과 닮은꼴을 앞서 경험했을지 모른다. 숨 막히는 경쟁사회, 매일 보는 동료와 상사의 얼굴이 징그럽게 싫어지는 순간, 화장실에 가는 척 회사 건물 밖으로 뛰쳐나가고 싶은 마음, 퇴근해서 돌아온 집에서 나가기 싫어지는 시간을 거쳐 맡은 일만 충실히 하면 그만인 프리랜서가 되었을지도 모른다. 내가 그러했듯이.

나는 이제야 그 디자이너의 편편한 얼굴을 이해한다. 남들이 뒤에서 뭐라 수군거리든 매일 보는 사람이 아니니 그만이고, 회식에 참석 안 한다고 해서 동료들과의 사이가 멀어질 걱정할 필요 없고, 일을 마치고도 식은땀 흘리며 앉아 있는 충성야근도 프리랜서에겐 해당사항이 아니다. 근로형태 중 가장 말끔하고도 당당한 나의 프리랜서 생활을 이야기하게 된 이유다.

회사를 그만두고 싶어서 사표를 내고, 다음 선택이 다시 회사가 되었다면 나는 절대 행복하지 못했을 것이다. 회사의 다음 선택이 반드시 회사가 될 필요는 없다. 우리의 얼굴이 모두 다르게 생겼듯, 사는 방법도 여러 가지다. 회사 아닌 다른 길을 찾아도 내 삶은 망하지 않는다.

목차

CHAPTER 2

프리랜서로 살아보니
괜찮습니다

CHAPTER 3

'프리'하지 않은
프리랜서의 일

CHAPTER 4
프리랜서라서 누리는
따뜻한 하루

CHAPTER 1

그렇게
프리랜서가
되었습니다

나의 자유로운 날들

어떻게
프리랜서가 됐냐고
물으신다면

짤랑.

한 달에 몇 번쯤, 통장 잔고를 확인할 때 어디선가 '짤랑' 하고 반가운 소리가 들린다. 입에선 절로 '야호' 소리가 나온다. 비정기적으로 들어오는 이 돈은 당연히 받아야 할 돈인데도 마냥 즐겁다. 일단 돈이 생기면 맛있는 것을 사 먹고, 못 가본 곳을 여행할 여지도 생기니까 그저 반가운 고료 받는 날이다.

오늘은 고료, 그러니까 급여가 들어오는 횟수에 대해 생각해봤다. 한 달에 한 번, 통장에 원 단위로 찍힌 월급에 과거의 나는 얼마나 목말라했던가. 나도 몇 해 전까지는 한 달에 한 번 월급을 받았다. 이제는 한 달에 몇 번이고 일한 만큼, 혹은 일한 횟수에 따라 약간의 세금을 제한 돈이 입금된다.

어느 쪽의 액수가 더 많은가로 만족감을 비교하기엔 대상이 전혀 다르다. 하고 싶은 일과 하고 싶지 않은 일을 섞어 찌개나 비빔밥처럼 한데 모아 내 이름으로 달아놓고 닥치는 대로 해치우던 회사생활과, 그 액수가 얼마든 하고 싶은 일을 한 만큼 정직하게 받는 지금의 프리랜서 생활은 비교 대상이 될 수 없다.

내 직업은 프리랜서 작가 겸 기자다. 여기서 업무형태가 프리랜서다. 보통 공공기관이나 기업, NGO 등의 일을 맡아 하는데, 클라이언트가 원하는 형식에 맞춰 글을 쓰는 일이라 작가로 불리기도, 취재가 빈번하게 진행되니 기자로 불리기도 한다. 적게는 두세 군데, 많게는 다섯 군데 정도의 클라이언트와 일을 진행한다. 단기 프로젝트가 들어오면 프로젝트를 마치고도 일을 쉬지 않기 위해 더 많은 곳에서 일감을 받는다. 대응해야 할 클라이언트가 그만큼 늘어난다는 뜻이다.

이렇다 보니 사업자등록까진 필요 없지만 내 자신이 하나의 회사처럼, 가끔은 글 쓰는 흥신소처럼 느껴지기도 한다. 어쨌든 클라이언트로부터 돈을 받아 글을 쓰고, 해당 기업이나 기관의 패턴에 맞춰 일을 진행하니 반절의 직장인이긴 하다. 출퇴근하지 않고 일을 하는 직장인이다.

프리랜서 생활은 올해로 5년째다. 대학 졸업 후 기자로 일하며 취재와 기사 작성으로 눈코 뜰 새 없이 지냈다. 그래도 좋았다. 워낙 하고 싶은 일이었고, 오래도록 동경했던 언론계에 내 자리와 명함이 있다는 사실만으로 행복했다. 나를 비롯한 기자들에겐 취재 경험과 기사가 재산이었다. 이 재산은 당장 입금되지는 않아도 가슴속에 켜켜이 쌓이는 게 확실히 느껴졌다.

하지만 그 시절은 종이신문과 온라인 뉴스 사이에서 종이신문을 유지하느냐 마느냐로 대세와 실랑이하던 때였다. 대부분의 언론사들은 재정적으로 어려웠다. 내가 다니던 신문사는 월급이 밀렸다. 한 달에 십만 원, 이십만 원씩 쪼개가며 돈을 입금하더니 퇴사할 무렵엔 이미 몇백의 급여가 밀린 상태였다. 다른 언론사로 이직을 고려했지만 귀동냥으로 들은 소식에 따르면 힘들기는 다른 언론사도 마찬가지였다.

나는 졸업 후 스스로 벌어먹는 생활이 너무 당연한 상태였다. 그렇다 보니 밀린 월급에 까딱하면 교통카드며 핸드폰 요금이 연체되어 뚝 끊겨버리기 직전이었다. 회사가 어려워지면 개인의 삶도 어려워지는 연결고리가 도무지 납득이 되지 않았다. 결국 나는 그토록 좋아하던 언론사 생활을 털고 다른 세계로 넘어왔다.

새로 취직한 곳은 프랜차이즈 기업의 마케팅팀이었다. 마케팅의 '마' 자도 모르는 나였지만 기자 경력과 글쓰기를 좋아한다는 이유로 운 좋게 취직되었다. 주로 언론홍보를 담당하고, 사람들에게 보여줄 스토리텔링 콘텐츠를 만드는 일을 했다. 다시 글을 써서 스스로 벌어먹기 시작한 것이다.

업무는 조금씩 늘었고, 나중에는 일하는 시간만큼 공부도 해가며 마케터로 성장해갔다. 그런데 마케팅을 해본 이들이라면 알 것이다. 새로 나오는 매체와 홍보방식은 차고 넘치는데 시간은 한정되어 있고, 매번 숫자로 매겨지는 실적을 내기 위해 마케터들이 얼마나 피가 말라가는지. 이렇게 9년간 쌓여가는 회사생활에서 종종 의문이 일었다.

'만약 내가 직업을 선택하는 과정에서 회사라는 틀을 빼고 시작했다면 어땠을까?'

'정말 회사라는 도착지가 필수였을까?'

어쩌면 사회생활의 시작점에서 '직업'을 고민하지 않고 '취업'을 고민하던 단계로 다시 돌아가야 하지 않나 싶었다. 고등학교를 졸업할 무렵부터 내 관심사는 진로, 미래, 직업이 아닌 '취업'이었다. 언제나 독립, 직업이라는 단어보다 취업을 우선순위에 두곤 했다. 다니던 대학에서는 '취업이 잘되는 학과'가 인기였다.

어쨌든 취업이 우선시되는 분위기에서 나는 휩쓸리듯이 취업을 준비했다. 졸업 전에 몇 가지 컴퓨터 자격증을 따고 토익 학원을 다녔다. 마지막 학기에는 늘 노란색으로 염색했던 머리를 얌전한 색으로 물들이고, 독하게 다이어트도 했다. 너무나 자연스럽게 '취업'이 목표가 되었다.

아마 나 말고도 많은 사람들에게 취업과 회사는 당연한 삶의 방식, 직업의 큰 틀로 인식되어 있을 것이다. 나 역시 대학 졸업 이후에 회사생활이 너무나 당연했기에 별다른 고민 없이 취업을 준비했다. 회사라는 조직에 들어가는 것 외에 딱히 할 일이 떠오르지 않았다. 그 당연함에 한 번도 반기를 들지 못했기에 졸업 후 9년 동안 조직 안에서 차고 치이면서 살았다.

가장 싫었던 건 역시 사내 정치였다. 몇 되지도 않는 사람들 사이에서 '라인'이란 것을 만들어 무리를 짓는다. 모두와 친하게 지내야 했기에 싫은 소리도 참고 착한 척하며 고통을 감내했다. 혹여 아프기라도 하면 난리도 아니었다. 언젠가 회사 상사가 내게 "아파 죽을 것 같으면 회사 와서 죽어라."라고 했을 때 시원하게 반박도 못 했다. 그렇게 나는 회사에 다니기 위해 인생을 더럽히고 있었다.

그런 가운데 프리랜서로 전환한 계기는 마케터로 일한 지 5년 차에 들어선 무렵이었다. 매일같이 하는 야근과 그놈의 라인 때문에 스트레스를 받아 이직을 생각하고 있었다. 이직을 염두에 둔 곳은 인지도가 높고 규모가 큰 기업이었다. 집에서 좀 멀긴 했어도 근무환경이 상당히 좋은 곳이었다. 북악산이 병풍처럼 둘러싼 사무실 풍경, 언제든 질 좋은 아메리카노를 마실 수 있는 카페테리아, 현 직장에 비해 높은 연봉, 면접 시 마주친 이들의 고급스러운 차림새와 행동거지, 하나같이 다 마음에 드는 구석들이었다. 그리고 나는 그 구석들 사이에서 흐릿하게 의문을 품었다.

'이직만 하면 즐겁게 살 수 있을까?'

그 의문은 나를 며칠간 말없이 고민에 빠뜨렸다. 현재 다니는 회사가 문제인 건지, 내가 회사생활을 버티듯 다니고 있는 게 문제인 건지 헷갈렸다. 어느 회사를 가든 라인이란 존재하고, 아플 때 눈치 보며 병원을 가야 하는 건 다를 바 없었다. 어딜 가나 꽉 막힌 상사도 존재하기 마련이었다. 아침저녁으로 부대끼는 전철에 몸을 실어야 하고, 그 안에는 남의 몸을 대놓고 훑어보는 기분 나쁜 인간들도 허다했다. 저녁 6시가 되면 당연한 퇴근시간인데도 눈치를 보며 겨우 가방을 싸는 생활이 다시 이어지는 게 나를 즐겁게 할까? 일단 이직만 한다면 나는 더 많은 돈을 모으고, 더 멋진 일을 하며, 후배들로부터 존경받는 상사가 될 수 있을까? 이 의문에 나는 긍정적으로 답할 수 없었다.

그 멋진 회사는 면접에서 나를 통과시켰다. 얼마 후 합격을 통보하는 전화가 왔다. 전화 속 목소리는 냉정하면서도 예의를 갖춘 자세로 내게 입사에 필요한 사항들을 안내했다. 나는 죄송하지만 입사를 하지 않겠다고 답했다. 전화 속 목소리가 깜짝 놀라 내게 물었다.

"저희보다 더 좋은 회사에 합격한 건가요?"

거기서 차마 '회사 자체를 다니지 않겠다.'라는 포부를 말할 순 없었다. 아마 나를 생활력 없는 룸펜 정도로 보거나 재미삼아 면접이나 본 여자로 생각할 것 같았다. 그래서 엉뚱한 거짓말로 답을 하고 말았다.

"지금 회사에 남기로 했어요. 정말 죄송합니다. 저보다 좋은 직원 만나시길 바랄게요."

그 대답과 달리 며칠 뒤 나는 다니던 회사에서 짐을 쌌다. 그렇게 싫었던 회사에 갖다놓은 잔짐은 왜 이리 많은지 커다란 박스에 담아 택배로 집에 부쳤다. 그때 내 나이 서른넷이었다. 사정을 잘 모르는 주변 사람들은 조금만 더 참아보라며 퇴사를 말렸지만, 나는 기어코 회사라는 구조에서 빠져나와 자유로운 노동자 신분으로 옮겨왔다.

물론 프리랜서를 시작한다는 건 아주 즐겁고 유쾌하지만은 않았다. 회사를 그만두고 '프리선언'을 할 무렵은 불면증과 초조함으로 늘 긴장된 상태였다. '나를 찾는 곳이 없으면 어쩌나.' '애매한 나이에 일을 그만뒀으니 재취직을 하고 싶어도 못 하면 어떻게 될까?' 이런 상상이 나를 떨게 했다. 하지만 여러 번 생각해봐도 고통스러운 회사생활과 이직을 앞두고 나는 같은 선택을 했을 거라 예상한다. 그렇게 불안한 시간을 잠시 견디고 나니 프리랜서로 일하는 매순간이 내게는 꼭 맞는 편안함이다.

회사 갈 생각에 일요일 저녁이면 짜증이 폭발하고, 금요일 밤이면 스트레스에 폭식을 하며, 밤늦게 돌아와 허둥대며 밥을 먹던 나는 이제 없다. 아침 일찍 일어나 하루를 길게 쓸 줄 알고, 아플 땐 마음 편히 아파도 된다는 당연한 사실도 프리랜서가 된 이후에 배웠다. 남편과 매일 건강한 음식으로 저녁을 함께 먹는 즐거움은 프리랜서가 된 이후 가장 만족스러운 부분이다.

회사가 없다면 취직도, 직업도 상상 못 하던 시절의 나는 이제 일한 만큼 오롯이 존재감을 드러낼 수 있는 프리랜서로서의 내가 되었다. 좋고 나쁜 점이야 어느 직업이나 수두룩하니 회사생활과 프리랜서 생활의 경중을 따지는 건 의미가 없다. 하지만 지금 '회사'를 생각하는 것만으로도 목이 메고, 가슴속에 뜨거운 두부가 얹혀 있는 기분이 든다면 회사라는 네모 밖을 상상해보는 게 새로운 계기가 될 수 있다. 이 시대를 사는 방식이 오로지 '회사원' 하나뿐만이 아니라는 것을 인지하기만 해도 우리는 꽤 괜찮게 살 수 있다.

프리랜서의 일과가 궁금하다면

아침 7시에
시작되는
보통의 하루

아침에 두 번 알람이 울린다. 웅장한 행진곡 알람은 오전 6시 20분, 피아노 연주곡 알람은 오전 7시다. 앞의 것은 남편을 깨우는 알람, 뒤의 것은 나를 깨우는 알람이다. 남편은 나보다 먼저 일어나 집에 있는 헬스 자전거로 운동을 한다. 그사이 나는 폭포처럼 몰려드는 잠을 밀어내느라 사투를 치르고 7시 알람과 함께 주방으로 향한다.

회사에 출근하지 않아도 나의 일하는 패턴은 고정적인 편이다. 아침 7시에 일어나 아침식사를 준비한다. 아침은 커피와 빵, 녹차에 떡 한 조각 정도로 가볍게 먹는다. 내 생활이 자유로울지언정 아침만큼은 남편과 함께 먹는 것. 스스로 만들어 지키고 있는 원칙이다.

남편이 출근하면 집을 간단히 치운 뒤 오전 9시까지 개인적이며 무용한 시간을 보낸다. 주로 별 용건 없이 거실 창가 앞자리에 앉아 볕을 쬐거나, 핸드폰으로 간밤과 새벽 사이에 소셜미디어에 올라온 글들을 훑어본다. 혹 이불 빨랫감이 기다리고 있다면 낮의 햇살을 충분히 받아내도록 이른 시간에 세탁기를 돌리고 널어둔다.

이런 소소한 일들을 해치우며 오전 시간을 있는 힘껏 만끽한다. 프리랜서로 일을 시작한 초반에는 빨리 일을 해치우고 빨리 놀고 싶었는데 요즘은 요령과 탄력이 붙었달까. 직장생활을 하던 시절엔 결코 가질 수 없었던 아침의 여유를 부린다. 거실 창가 앞에 앉으면 바깥이 내려다보이는데, 출근과 등교를 위해 사람들이 한둘씩 건물에서 나오고 도로에 차량이 늘어난다. 멀리 산의 능선이 보이고, 그 주변으로 새로이 짓는 건물의 중장비들이 바삐 움직인다. 저 공사장의 인부들은 몇 시쯤 아침을 먹고 나왔을까, 그런 생각을 하며 일한 만큼 돈을 받는 입장이 나와 같다고 느낀다. 어쩐지 반갑다.

회사에 출근하지 않아도 나의 일하는 패턴은 고정적인 편이다.

아침 7시에 일어나 아침식사를 준비한다.

아침은 커피와 빵, 녹차에 떡 한 조각 정도로 가볍게 먹는다.

내 생활이 자유로울지언정 아침만큼은 남편과 함께 먹는 것.

스스로 만들어 지키고 있는 원칙이다.

오전 9시부터 오후 4시까지는 꼬박 서재에 틀어박혀 일을 한다. 책상 앞에는 달력 한 장을 걸어놓았고, 책상 위에는 노트북과 더블모니터, 키보드 등 데스크 용품 몇 가지가 전부다. 회사 다닐 때 자기 책상을 소중히 다루면서 예쁘게 꾸며놓는 이들을 많이 봤는데, 그런 취향과 거리가 먼 나는 책상 위에 가급적 물건이 없는 상태가 마음이 편하다. 겨울에는 의자에 전기방석을 깔기도 한다.

오후 1시경 먹는 점심은 신경 써서 요리를 한다. 오로지 내가 먹고 싶은 것으로 메뉴를 궁리한다. 아침과 저녁은 직장생활을 하는 남편에게 맞춰 요리를 한다면 점심은 오로지 나를 위한 식사다. 덜 먹든 많이 먹든 내가 좋아하는 것만 먹고 싶은 시간이다. 좋아하는 채소(마늘)를 집중적으로 넣은 파스타나 카레를 즐겨 만들고, 채소를 욕심껏 가득 넣어 볶음밥도 자주 만든다. 간식은 잘 먹지 않지만 출출하면 견과류나 강정을 조금 꺼내 먹는다. 하지만 혼자 먹는 간식은 별로 맛이 없다.

오후에 외출할 일이 있거나 하고 싶은 일이 있으면 오전에 바짝 속도를 내서 업무를 마무리한다. 회사에 다닐 때는 회의가 잦아서인지 업무에 바짝 집중하기 어려웠다. 자리에 앉아 있으면 내게 걸려오는 전화와 주변의 전화까지 당겨 받느라 혼이 쏙 빠졌다. 그런데 혼자 집에서 일을 하게 되니 집중도가 말도 못 하게 높아졌다. 전화 역시 필요한 용건만 핸드폰으로 톡톡 전달된다. 이렇다 보니 과거 이틀간 나눠 하던 일을 지금은 하루에 7시간 동안 집중하면 모두 마칠 수 있다. 좋아하는 음악을 듣고, 일찍 일을 시작해 빨리 일을 끝낼 수 있다는 점이 프리랜서의 좋은 점이다. 물론 취재가 있는 날의 스케줄은 전혀 다르다.

일을 마치면 주로 책을 읽거나 근처 호수에 산책을 나간다. 은행 업무를 보거나 남편에게 필요한 물건을 사오는 심부름도, 억울하긴 하지만 내가 맡아 한다. 저녁의 마트는 너무 번잡하므로 한산한 낮 시간대에 들러 채소를 사거나 과일 가게에 들른다. 여유로운 날은 동네 빵집에 가서 갓 나온 빵이 있는지 기웃거리고 목적 없이 산책로를 어슬렁거린다.

그럴 땐 특별한 목적이나 용건 없이 걷기만 해도 그 시간이 얼마나 귀한지 항상 실감한다. 회사를 다닐 적엔 업무시간에 사람들과 차 한잔을 마셔도 서로의 동향을 살피느라 편안해본 적이 별로 없었다. 오후의 산책은 사치였다. 그래서 회사 근처에 지인이 찾아오거나 외근이라도 다녀올 때 잠시 걷는 시간은 참으로 달았다.

일을 마친 뒤 장보기와 산책이 아니라면 대부분 독서에 시간을 쓴다. 보통 하루 두세 시간 정도 책을 읽는다. 독서에 리듬을 타면 네 시간도 훌쩍 넘긴다. 책을 많이 읽어야 업무에 탄력도 생기고, 건강한 문장이 나온다. 글을 쓸 때마다 무언가 막힌다는 것은 내 안에 문장과 생각이 부족하다는 증거다.

책은 집 근처 도서관에서 빌린다. 동네 도서관은 지어진 지 얼마 안 되어서인지 매우 예쁘다. 노란 벽에 커다란 창이 있는 도서관인데, 봄가을에 머무르기 좋은 예쁜 테라스도 있다. 집중하기 좋은 책상과 함께 카페에나 있을 법한 예쁜 의자와 테이블도 있다. 동네 도서관은 아직 서고에 책이 많지 않아서 나를 포함한 많은 주민들의 희망도서 신청이 봇물 터지듯 쏟아진다. 책을 원하는 주민이 많다는 건 나로서도 반가운 일이다.

희망도서를 신청하고 나면 내가 신청한 책이 얼른 왔으면 좋겠다, 희망도서는 지금 어디쯤에 있을까, 책이 쌓여 있는 창고의 몇 번째 칸에 있는 책이 희망도서로 올까 등등 잡다

한 생각이 머릿속을 떠다닌다. 그러다 책이 도착했다는 문자가 오면 오전 내내 설레는 마음으로 업무를 하고, 오후에 당장 도서관으로 달려간다. 왠지 공짜 책만 기다리는 안달바가지 같아서 도서관 입구에서 희망도서를 받을 때면 얼굴이 조금 붉어진다.

일과를 마치고 해가 질 무렵이면 작가생활을 잠시 서재에 넣어두고 주부로 돌아온다. 남편이 돌아올 시간에 맞춰 저녁을 준비하고 집 안을 치운다. 이왕이면 머리카락이 어지러이 널리고 입었던 카디건이 아무 데나 훌훌 던져진 집에서 남편을 맞이하고 싶지 않다. 식탁에 너저분한 소품이 올라오는 것도 별로다. 집 안을 치우고 깔끔하게 단장한다.

그 다음 주방으로 가서 저녁을 준비한다. 이사 온 뒤 주방이 조금 넓어지고 수납공간이 많아졌다. 수납공간이 많지만 의외로 가진 물건은 많지 않아서 빈 곳이 많다. 그래서 그동안 갖고 싶었으나 사지 않았던 소형 주방가전을 구입해볼까 고민했는데, 역시 고민을 거치고 나면 사고 싶은 마음이 줄어든다. 이래서 쇼핑은 충동구매가 제맛인가. 에어프라이어, 토스터는 내 마음에서 안녕.

저녁은 양껏 맛있게 먹을 수 있게 준비하는 편이다. 괜히 다이어트 한다고 조금만 먹고 밤늦게 배고프면 곤란하다. 남편이 좋아하는 면류의 음식을 자주 준비하는 편이다. 야키소바나 파스타, 덮밥 등을 넉넉하게 만들어 먹고 함께 차를 마신다. 그리고 샤워를 한 후 침대에 누워 함께 책을 읽는다. 출퇴근만 안 해도 일과 주부 역할을 모두 해낼 수 있다니, 매우 만족스럽다.

다만 결혼한 입장에서 프리랜서로 일하는 나를 향한 어른들의 뻣뻣한 잔소리가 있다. 직장에 나가지 않고 자유로운 공간에서 일을 하는 직업은 어른들에게 직업답지 못하고, 본업이 아닌 부업 정도로 보이는 모양이다. 정말 좋아하고 열심히 하는 일인데 자꾸 부업 취급을 받으니 속이 상한다. 돈을 부업처럼 조금 벌어 절절매는 것도 아니고, 확고한 본업임에도 불구하고 집에서 일하는 나는 여전히 '살림이나 하면서 일도 조금 하는 애'로 보이는 것이다.

언젠가 명절에 만난 친척 어른이 프리랜서로 일한다는 내게 이런 말씀을 하신 적 있다.

"집에서 일한다고? 그럼 거의 노는 거네. 남편 아침밥이나 잘 챙겨."

"출퇴근 안 하면 노는 거야. 그럼 남편한테 잘해야지."

"너 그렇게 편히 살면서 상 차릴 때 반찬은 몇 가지나 하니?"

그날의 불쾌감은 몇 년이 지났는데도 사라지지 않는다. 매일 출퇴근하지 않아도 역량을 충분히 발휘하기 위해 고민하고 노력한 결과가 지금의 생활이다. 나의 노력을 잘 알지 못하는 어른들이 "집안일이나 잘해라." "너는 놀면서 돈 버는 거다."라는 식으로 말할 때면 "어르신 일이나 잘하세요."라고 받아치고 싶다. 어른과의 다툼은 비효율적인 일 중에 으뜸이라 대답을 회피하고 말았지만, 소중한 내 직업과 업무 방식이 저평가되는 것은 참 슬픈 일이다.

회사에 다니지 않으면 노는 삶일까? 회사에 다니지 않고 열심히 일하는 사람도 노는 사람일까? 글쎄, 나는 '회사에 꼭 다녀야 한다'고 고집할 생각이 없다. 회사원이 모든 직업의 중심이 되는 것은 좋은 기류가 아니고, 아침에 일찍 일어나 일하고 저녁에 퇴근해 돌아오는 생활방식이 표준이 되는 것 역시 사람들이 획일화되는 과정일 뿐이다. '회사에 다니면 고되고, 프리랜서는 편하다'는 이분법적 사고보다 두 업무방식에 각기 다른 특징이 있다고 이해한다면 열심히 일하는 사람의 마음에 흉터가 남을 일은 없을 것이다.

　이런 생각들이 버무려지는 밤, 모두의 삶이 존중받는 사회는 아직 멀었나, 하는 생각이 들어 조금 싸늘하다. 따뜻한 차를 우려야겠다.

일감은 어디서 구하냐고요?

밥그릇을
채우는
네 가지 방법

일자리, 일감을 흔히 밥그릇이라고들 말한다. 회사에서 경쟁하며 제 자리를 보전하기 위해 버틸 때 밥그릇 싸움이라고 혹은 제 밥그릇 챙긴다고도 한다. 일자리를 하필 밥그릇에 비유하니 직업과 직장이 얼마나 절절하게 다가오는지 모른다. 물그릇, 과일 그릇, 과자 그릇도 아니고 없으면 큰일나는 게 밥그릇 아닌가. 그래서 밥그릇에 비유해 사회생활의 각박함과 비겁한 본성을 논할 때, 나는 머릿속에서 늘 숟갈로 밥그릇을 닥닥 긁어대는 살풍경을 떠올린다. 늘 배가고픈 사람처럼.

직장인에게 직장에서의 제 자리가 밥그릇이라면 프리랜서에게 밥그릇은 일감이 아닐까? 직장인이 조직에서 자신의 책상 한 자리와 직함, 업무 영역을 보유하듯 프리랜서도 자신의 일감을 사수해야 한다. 숟가락로 밥그릇을 긁었을 때 닥닥 소리가 나듯 그릇이 텅 비지 않으려면 열심히 그릇을 채워야 할 터. 프리랜서는 어떻게 일감을 구할까? 이 질문은 프리랜서는 얼마나 버냐는 질문만큼이나 내게 많이들 묻는다.

내 경험상 프리랜서로 일감을 구하는 방법은 크게 네 가지로 묶을 수 있다. 일단 보통의 직장인이 이직할 때와 마찬가지로 구직사이트에서 찾는다. 구직사이트에 접속해보면 고용형태에 당당히 '프리랜서'라는 항목이 있다. 프리랜서로 구인하는 경우는 정규직을 고용할 만큼 업무량이 꾸준하지 않지만 내부 인력으로 해결이 안 되는 업무를 처리하기 위해 구하는 케이스다. 혹은 업무 특성상 굳이 사무실에 모여 일하지 않아도 될 경우 고용과 정리가 유연한 프리랜서를 선호하기도 한다.

구직사이트를 통해 일감을 구하는 경우는 프리랜서를 시

작한 지 얼마 안 된 사람들이 선택할 수 있는 가장 손쉬운 방법이다. 갓 독립한 사람이 능숙한 세일즈맨처럼 영업을 할 것도 아니고, 적어도 기업이라는 믿음직한 형태의 조직으로부터 일감을 받고 싶으니 구직사이트를 찾을 수밖에 없다. 나는 프리랜서로 일을 시작하고 2년 정도 진행한 일감의 대부분을 구직사이트에서 찾았다.

또 프리랜서를 시작한 지 시간이 좀 지나도 구직사이트는 계속 찾아보게 된다. 이제는 함께 작업했던 클라이언트로부터 연락이 와서 업무가 이어지는 경우가 많아졌지만, 한 번씩 구직사이트에 들어가 좋은 일감이나 프로젝트가 없는지 살펴본다. 내가 즐겁게 임하고 있는 NGO의 일이나 생소한 분야의 인터뷰를 다수 접할 수 있었던 공공기관의 뉴스레터 작업은 틈틈이 구직사이트를 살펴보다 만난 소중한 경험이었다.

그리고 사람들이 흔히 예상하는 일감의 루트는 지인의 소개다. 어떻게 일감을 구하냐고 묻는 질문에 "어떻게 구할 것 같으냐?"라고 되물으면 사람들은 항상 같은 답을 한다. "아는 사람 소개로요?"

"프리랜서는 주로 소개로 일을 한다던데요."

"프리랜서로 일하면 주변에서 소개해주는 일이 많죠?"

이 예상은 반은 맞고 반은 틀리다. 요즘 시대에 지인 혹은 타인에게 자신의 신용과 인맥을 담보로 일자리를 소개하는 게 쉬운 일일까? 절대 그럴 리 없다. 또 소개로 일하는 게 프리랜서라면 프리랜서로 일하는 사람의 성격은 누구보다 활발하고 사교적이어야 한다. 그런데 조직생활보다 개인생활이 편해 업무형태를 변경한 마당에 그런 성격의 소유자가 과연 얼마나 될까?

소개로 일감을 받는 경우는 있지만 그 수는 그리 많지 않다. 내 경우 정규직에서 프리랜서로 전환할 때 딱 한 번 소개로 일감을 받은 적이 있다. 남편의 친구가 운영하는 외식 브랜드의 SNS 콘텐츠를 만드는 일이었다. 아무래도 남편의 친구다 보니 대하는 게 조심스럽기도 하고, 혹여나 업무적으로 갈등하느라 중간에서 남편과 친구의 사이까지 흐리게 될까 걱정이 많았다.

다행히 남편의 친구는 공과 사를 잘 구별하는 사람이었고, 업무적으로 부딪힌 적도 별로 없었다. 후에 사업 규모가 변경되면서 나와의 업무도 좋게 마무리할 수 있었는데, 솔직히 아쉬운 마음 뒤에는 약간의 안도감도 있었다. 아무리 사이가 좋고 원활하게 일한다 한들 누군가의 소개로 일을 한다는 건 신경 써야 할 부분이 그만큼 늘어난다는 뜻이다.

내 생각에 가장 이상적인 일감의 의뢰는 함께 일했던 클라이언트로부터 다시 제안을 받는 경우다. 함께 일하며 이미 서로를 겪어봤으니 두 번씩 맞춰가며 간을 볼 필요가 없다. 고료 수준이나 결제방식도 다 알고 있으니 걱정도 덜하다. 한 번 일해보고 두 번째를 제안한다는 건 클라이언트가 그만큼 나를 신뢰한다는 뜻이니 몹시 감사한 일이고, 나의 업무방식을 크게 수정하지 않아도 되어서 안심이다. 클라이언트가 어떤 콘텐츠와 업무방식을 선호하는지 알고 있으니 그에 맞춰 일을 진행하고 마음 편히 고료를 받으면 된다. 또 두 번, 세 번씩 함께 일하는 동안 더 좋은 작업 결과를 전달하고 계약된 프리랜서로서 좋은 아이디어나 기획까지 제안한다면 튼튼하고 견고한 비즈니스 관계를 유지할 수 있다.

마지막으로 흔한 방법은 아니지만 에이전시를 통해 일감을 얻기도 한다. 내가 에이전시를 통해 일감을 받은 건

1년도 채 되지 않는다. 그전에는 이렇게 작가와 클라이언트를 연결해주는 에이전시의 존재조차 몰랐는데, 우연히 알게 된 에이전시에 포트폴리오를 등록한 뒤 종종 일감을 소개받고 있다.

이 이야기를 하면 다시 질문이 따라온다.

"에이전시는 얼마나 떼어가나요?"

이 질문에 대한 답만큼은 단언할 수 있다.

"그런 건 묻지도 따지지도 말아야 해요."

나라는 사람의 포트폴리오와 경력을 보고 클라이언트에게 소개하고 일감을 전하는 에이전시다. 클라이언트가 제시한 고료에서 얼마간의 수수료를 떼어간들 그걸 아까워하고 흥정이라도 하려 든다면 에이전시와 일할 이유가 전혀 없다. 나를 믿고 소개하는 그들에게 고마움을 가져야 옳은 태도다. 얼마를 떼어갈지 궁금해하고 전전긍긍하느니 그들을 믿고 함께 일하는 동료라고 생각해야 그 관계가 유연해진다. 뒤집어 생각해보면 내 포트폴리오와 경력만 보고 일감을 준 클라이언트와 똑같다. 그들이 나를 의심하고, 흥정하고, 이리 재고 저리 잰다면 신뢰를 다질 수 없듯 에이전시도 마찬가지다.

보통 이 정도의 방식으로 일감을 얻는다. 아무래도 많은 사람들이 일감을 어떻게 얻는지 궁금해 하는 이유는, 프리랜서가 되어서도 밥그릇을 온전히 지킬 수만 있다면 지금의 직장생활을 훌훌 털어버리고 싶어서일 것이다. 일감 찾는 방법만 확실하다면, 일이 끊이지만 않는다면, 프리랜서가 일을 구하는 특별한 방법만 알 수 있다면 전쟁터 같은 회사에 사직서를 내는 꿈을 이룰 것 같은 그 기대감을 어찌 모르겠는가.

하지만 프리랜서가 일감을 사수하는 왕도는 없다. 구직사이트를 뒤지고, 한 번씩 지인으로부터 소개를 받고, 나를 믿어주는 누군가의 소중한 제안을 받기도 하지만, 그 모든 인연이 항상 나를 기다려주지 않는다는 건 명백한 사실이다. 또 일감을 구하는 방법은 각양각색이고 내가 아는 것은 한계가 있으니 누군가는 새로운 판로를 개척할 수도 있겠다.

그런 가능성을 염두에 두고도 프리랜서의 길을 가고 싶다면 못 할 것도 없다. 일감을 확신할 수 없는 세계임에도 불구하고 해볼 만한 마음이 든다면 지금 당장 오라. '각자도생'의 세계에 온 것을 환영한다!

애 키우기 좋은 직업

타의로 선택한
프리랜서의
의미

정규직에서 프리랜서로 옮겨온 뒤 만나는 사람의 대부분이 내게 비슷한 반응을 보였다.

"프리랜서면 애 키우기 좋겠네."

"여자들 애 키우면서 돈 버는 데 프리랜서만 한 게 없지."

"집에서 애 보면서 편하게 돈도 벌고 얼마나 좋아?"

그때나 지금이나 아이가 없는 내게 무슨 의미 없는 말인가 싶다. 또 육아 때문에 여자에게 프리랜서가 좋은 직업이라면 남자에게도 프리랜서가 최상의 업무형태가 되어야 하는 건 아닌지 의문이다. 아이를 돌보면서 돈도 벌 수 있는 환상의 직업이 어찌 여자에게만 좋을까?

애초에 남편과 아내가 육아를 공정하게 나눴다면 '애 키우기 좋은 여자 직업'으로 프리랜서가 반짝일 이유가 없다. 곁에서 보기에도 육아는 휴일 없이 치르는 전쟁에 가까운데 그 와중에 일까지 하는 프리랜서가 어째서 좋은지 짐작이 가지 않는다. 하지만 이런 생각은 속으로 꾹꾹 삼킬 뿐이다. 괜한 입씨름이 싫어 웃으며 넘기고 피했던 이 말들은 내가 선택한 업무형태에 성별의 프레임이 덧씌워진다는 걸 차차 익히는 계기가 되었다.

이런 이유로 자의 반 타의 반으로 프리랜서를 선택한 사연은 또래들과 있을 때 자주 등장한다. 동네에서 또래들과 정기적으로 여는 독서모임에서, 오랜 친구들과 한 번씩 모이는 자리에서도 그랬다. 사업을 하는 친구 한 명을 제외하고는 아이가 있는 모두가 육아를 위해 일을 그만두고 전업주부가 되었다.

그 와중에 어떻게든 일을 하면서 사회와의 끈을 놓고 싶지 않은 일부가 선택할 수 있는 업무형태는 파트타임 혹은 프리랜서였다. 갓난쟁이의 육아, 좀 더 자란 아이의 등원과

하원, 입학 후에도 이어지는 돌봄 노동의 책임, 가사 대부분이 여성에게 전가되니 일을 조금이나마 일찍 끝낼 수 있는 파트타임이나 프리랜서를 선택할 수밖에 없는 것이다.

성별에 따른 임금 차이가 원인이 되기도 한다. 언젠가 모임에서 종종 얼굴을 보던 동생은 20대 중반에 번듯한 회사를 그만두고 두 아이를 키워냈다. 아이들이 유치원에 들어가고 낮 시간을 활용할 수 있게 되자 동생은 기를 쓰고 일을 나갔다. 그렇게 일에 열정이 많던 동생이 일을 그만두게 된 건 자의가 아니라고 했다.

"아이를 낳았으니 누군가 키워야 하는데 부모님은 키워줄 형편이 안 됐어요. 그럼 나랑 남편 둘 중에 한 명이 키워야 하는데, 이상하게 우리나라는 비슷한 나이와 경력이라도 남자 쪽 월급이 더 많더라고요. 둘 중 그만둬야 한다면 월급이 적은 쪽이 그만둬야 하는 게 당연하잖아요. 그러니 내가 그만둘 수밖에요."

동생은 이런 사정을 이야기하며 한숨을 폭폭 쉬었다. 그랬던 동생이 선택한 직업의 형태는 역시 프리랜서였다. 아침 일찍 아이들을 등원시키고 프리랜서 강사로 학교와 유치원에 강의를 다니며 타의로 인한 경력단절을 해소하고자 무던히 애썼다.

조금 더 안쓰러웠던 경우가 있다면 어느 출판사와 모바일 매거진을 만들 때였다. 전체 원고는 내가 쓰고, 교열과 최종 검토는 출판사가 하고, 프리랜서 디자이너가 디자인 작업을 하는 구조였다. 매달 원고를 마감하면 며칠 지나 디자인 작업을 더한 편집본이 도착한다. 이 파일을 보면서 수정사항을 적어 보내면 디자이너가 수정하는 과정을 두어 번 거치고, 모두 완성되면 매거진으로 발행된다. 이때 특이한 점이 있다면 디자이너로부터 수정한 편집본이 오는 시간은 언제나 새벽 3시 이후였고, 수정사항이 반영되려면 최소 24시간이 걸렸다는 것이다.

한번은 출판사 식구들과 회식이 잡혔던 날, 대표님과 이런저런 이야기를 나누다 디자이너에 대해 궁금한 점을 여쭤봤다.

"그런데 대표님, 디자이너님은 오늘 안 오세요?"

"그분은 집 밖에 나오기 힘들죠."

"왜요? 어디 불편한 분이세요?"

"불편하다면 불편하죠. 아이를 낳은 지 얼마 안 됐거든요."

"네? 출산한 지 얼마 안 됐다고요?"

사정을 들어보니 디자이너는 아이를 낳은 지 한 달도 채 되지 않은 산모였다. 아이를 낳기 전 하던 일을 그만둬야 했고, 출산 후 몇 주 되지 않아 내가 참여한 매거진의 디자이너로 일을 재개했다는 거였다. 나는 깜짝 놀라 당사자도 아닌 출판사 대표님에게 연거푸 질문했다.

"아니, 왜요? 아이 낳은 지 얼마 안 됐으면 눈도 침침하고 뼈마디가 예전 같지 않을 텐데, 어떻게 일을 해요?"

"개인 사정까지야 다 알 수 없지만, 아무튼 아이가 자는 틈에 작업을 하고 있대요. 손목에 파스 감고 일한다니 저도 마음이 좋진 않아요."

항상 새벽 3시가 넘어 편집본이 메일로 오는 이유를 그제 야 알 수 있었다. 짧게 여러 번 자는 신생아를 곁에 두고 일하려니 작업물을 보내는 시간은 늘 새벽일 수밖에 없고, 간단한 요청사항을 보내도 24시간이 지나야 답을 받을 수 있었던 답답한 사연도 바로 거기에 있었다.

디자이너가 프리랜서를 택한 이유도 자의인지 타의인지 알 수 없었다. 출산과 육아에 관계없이 너무나 일이 하고 싶어 자의적으로 일을 택했다면 다행이겠지만, 당장 아이를 돌봐줄 사람이 없어 선택한 프리랜서라면 얼마나 고통스러울까? 몸을 푼 지 얼마 되지 않아 파스를 둘둘 감은 채 컴퓨터 앞에서 작업하고 있을 디자이너를 생각하면 마음이 짠했다.

그렇게 프로젝트가 끝날 때까지 얼굴 한 번 보지 못했지만, 디자이너에게 회식에 얼굴 한 번 비추는 것보다 젖먹이 아이를 돌보며 자신의 몸을 추스르는 게 더 중요했음은 굳이 말하지 않아도 충분했다. 어쩌면 프리랜서란 자유롭게 살고 싶어서 선택한 나와 달리 누군가에겐 코너에 몰렸을 때 마지못한 선택지가 될 수도 있었다.

그런 의미에서 프리랜서가 '애 키우기 좋은 직업'이란 말은 참 뼈가 아프다. 나처럼 출퇴근에 얽매이지 않고 개인생활을 지키고 싶어 프리랜서를 택하는 경우와 달리, 아침 일찍 신선한 공기를 마시며 출근해 저녁에 집으로 돌아오는 삶을 즐기는 이들도 분명 있을 것이다. 살림살이와 가족이 눈에 보이지 않는 곳에서 일에 집중하는 쾌감이 소중한 사람이 있고, 일터에서 동료들과 부대끼며 땀 흘리는 시간을 소중히 여기는 사람도 있다. 세상엔 다양한 사람이 다양한 종류의 일을 추구하기에 그저 '애 키우기 좋은 직업'이라며 기혼 여성에게 알맞은 업무형태로 프리랜서를 권하는 건 한없이 가혹하다.

이런 생각이 떠오르는 날이면 내 오랜 친구들의 전직을 떠올려본다. 같은 학교를 다녔던 친구들은 졸업 후 무수한 시험과 통과의례를 거쳐 사회의 일원으로 지냈다. 아주 작은 회계사무소에 다닌 친구부터 대기업의 과장급으로 지낸 친구까지 다양했고, 오롯이 혼자 번 돈으로 집을 산 친구도 있었다. 어여쁜 외모와 말솜씨로 승무원이 된 친구와 안정적인 직업이라며 부러움을 샀던 은행원 친구도 몇 있었다. 제법 큰 여행사에 취직해 우리에게 멋진 여행 경험과 재미있는 업계 이야기를 들려주던 친구가 있었고, 전공과 상관없이 매일 손톱 가꾸는 데 열을 내던 친구는 네일아티스트가 되었다. 혼자 가기 두렵다며 나와 학원 상담을 받으러 갔던 친구는 그 학원에서 자격증을 따서 간호조무사가 되었고, 몇 년간 돈을 모아 호주로 유학을 다녀온 친구는 무역회사에 취직해 유창한 영어 실력을 발휘했다.

그런데 이 모든 게 친구들의 전직이 되었다. 이렇게 화려한 전직을 가진 친구들은 이제 아이의 스케줄에 자신의 삶을 접어넣는 전업주부로 살고 있다. 한 번씩 연락이 닿을 때 "나도 너처럼 프리랜서로 일하고 싶다."라며 아쉬움을 비추는 친구의 목소리가 들리면 가슴에 냉기가 얹힌다.

회계를 전공한 친구가 피부관리사 자격증을 따서 동네 아주머니들을 대상으로 만 원씩 받으며 마사지를 시작했을 때, 소일거리라도 시작해서 다행이라 기뻤지만 한편으로는 수년간 공부한 친구의 지식이 아까워 속이 썩곤 했다. 대기업에서 긴 경력을 쌓았던 친구는 아이가 유치원을 다녀오는 틈에 파트타임으로 일을 시작했다. 본인이 받던 급여에 비해 턱없이 적은 돈을 벌면서도 친구는 "딸내미 옷값이라도 벌어 좋다."라면서 쓴웃음을 짓곤 했다.

그러니 '애 키우기 좋은 직업'이란 속 편한 말은 사실 아이를 키우느라 많은 것을 포기한 이들에게 오히려 속 불편한 말이다. 아이를 키우는 책임과 의무가 자꾸 여성에게 떠밀리는 통에 어쩔 수 없이 선택하는 프리랜서 생활에 사람들이 부러워할 만한 자유와 편안함은 눈 씻고도 찾아볼 수 없다. 그래서 이따금씩 타의로 프리랜서 업계에 발을 디딘 사람을 마주하면 마음이 저릿해지고, 공연히 내 고개가 수그러들고 만다.

마음껏 아프기

우리는
마음껏 아플
자유가 있다

가끔 페이스북을 보면 '추억 더 돌아보기'라는 기기괴괴한 기능이 상단에 떠 있다. 고작 추억 좀 돌아보겠다는데, 몇 해 전 오늘 날짜에 무슨 일이 있었는지 돌아보겠다는데 기기괴괴할 게 뭐 있겠냐 싶을 수도 있지만 나는 그 기능을 눌러 지난날을 돌아보는 게 너무 오글거리고 두렵다. 중학생도 아닌 20대 성인이었으면서 왜 중2병 중증 환자처럼 오만 감상에 빠져 페이스북에 글을 올리고, 예쁜 척 귀여운 척 사진을 찍어 올렸는지 과거의 나를 잡아 호되게 때려주고 싶을 정도다.

한 번씩 페이스북에 들어가보면 어김없이 '추억 더 돌아보기'가 그날의 과거 게시물을 보여준다. 한창 페이스북이 유행일 때 열심히 글을 남긴 덕에 들어갈 때마다 돌아볼 추억이 산더미다. 지금의 내가 페이스북에 들어갈 때마다 하는 일은 '추억 더 돌아보기'를 눌러 과거의 오늘을 살펴보며 부끄러운 게시물을 지우는 거다. 들어갈 때마다 지울 게시물이 계속 뜨는 걸 보면 과거의 나는 마치 다른 사람 같다.

그런데 부끄러움 사이로 안쓰러운 게시물이 보인다. 과거의 나는 가끔 우울하고, 세상에 오로지 혼자라는 느낌 때문에 슬픈 날이 많았나 보다. 친구로부터 속을 할퀴듯 아픈 말을 듣고, 지켜내지 못할 다짐을 늘어놓고, 본래 성격과 달리 선량하고 조심스러운 사람을 흉내 내는 게시물도 있다. 사랑에 실패하고 연애가 끝났을 때의 게시물은 안쓰러움을 넘어 이 처절한 시기를 어떻게 생존해낸 걸까, 자신에게 감탄할 정도다.

"오늘을 살았고 내일을 살 수 있어서, 힘들긴 해도 역시 살아보니 좋은 게 삶이구나."

"물건, 편지 다 돌려주고, 사진 다 지웠는데 꽃같이 예쁘다는 말은 진짜 너무하네."

"너랑은 이별도 아니고 사별이야, 사별."

이런 문장들이 과거의 오늘에 뭉클거렸다. 그 시절 나는 얼마나 힘들었던 걸까. 세상에 편한 이별 같은 건 없다. 얼마나 힘들었으면 오늘을 견디면 내일이 온다는 그 단순한 흐름에서 살아보니 좋다는 결론을 지었을까, 얼마나 힘들었으면 받은 걸 다 돌려주는 철없는 짓을 했을까, 상대가 얼마나 지독하게 이별의 아픔을 줬으면 사별이라고 쓴 걸까. 과거의 내가 나이 어린 타인처럼 마음속에 밀려온다. 그리고 생각해봤다. 이 지독한 이별과 우울을 겪을 때 나는 어디에 있었는지. 그곳은 다름 아닌 회사였다.

졸업 후 9년간 회사생활을 했다. 학교 다닐 때 개근상을 안 받으면 큰일이라도 날 것처럼 굴었듯이 회사에서도 지각, 조퇴, 결근은 상상할 수 없었다. 이별을 겪고 감내했던 20대부터 30대 초반까지 내내 회사를 다녔다. 하지만 개인의 이별과 슬픔을 회사가 알아줄 리 없다. 회사는 오로지 일하기 위한 공간일 뿐, 그 안에서 톱니바퀴처럼 굴러야 할 직원의 감정을 알아줄 의무는 없으니 말이다.

오래전 이별의 기억을 더듬어보면 헤어진 다음 날 회사

에 가는 건 너무나 가혹했다. 이별의 사유가 누구에게 있든, 누가 차고 누가 차였든 그런 건 상관없었다. 이별을 통보한 쪽이 더 아플지, 통보받은 쪽이 더 고통스러울지 아무도 모른다.

그렇게 헤어진 다음 날 정해진 출근시간에 회사 건물에 들어와 책상을 정리하고 일을 시작한다. 입맛은 저 멀리 달아났어도 사람들 눈에 튀지 않으려면 밥은 먹어야 한다. 언젠가 입맛이 없어 식사를 걸렀더니 푼수 같은 선배가 "남자친구랑 헤어졌어?" "남자친구가 헤어지재?" 이런 말로 깐족거려 분통이 터진 적이 있었다.

이별 후 비극적으로 두근거리는 가운데 업무가 잘 풀릴 리가 없다. 머릿속이 혼곤하고 온 세상이 슬픔으로 꽉 차 있는데 공과 사를 어찌 구분하겠나. 생각지 못하게 감정이 밀려와 눈물이 잠깐 났어도 애꿎은 코를 풀며 감기 걸린 척하는 게 최선이었다. 살아오며 겪은 수많은 아픔과 이별을 회사생활과 어떻게 병행했는지 지금 생각해봐도 신기할 따름이다.

이별이 아니더라도 회사에서 하루를 버티기 어려운 날들이 있다. 언젠가 몸이 너무 아파서 회사에 전화를 걸어 쉬고 싶다고 말했더니 부서장이 "회사에 와서 아픈 걸 증명해."라고 했다. 너무 억울했지만 택시로 회사 건물에 도착해 거의 기다시피 사무실에 도착했더니 "아파 죽을 것 같아도 회사에 와서 죽어야 한다."라며 병원에 다녀와서 근무하라고 선심 쓰듯 말한 부서장의 뻔뻔한 얼굴을, 난 아직도 잊지 못한다.

한번은 집을 나서 회사로 오는 길에 원피스 뒷면이 터져 속옷이 훤히 비치는 걸 알았다. 그것도 곁을 지나던 행인이 알려준 덕에 겨우 알았다. 부서장에게 전화해 사정을 설명하고 집에서 옷을 갈아입고 오겠다고 했다. 부서장의 답은 "회사에 와서 옷이 터진 걸 증명해."라는 거였다. 누가 볼세라 핸드백으로 엉덩이를 가리고 회사에 도착해서도 몸을 벽면에 붙이고 겨우 사무실에 도착했다. 부서장은(다행히 여자였다) 내 옷이 터진 걸 확인하더니 그제야 "집에 다녀와."라고 허가했다. 그러면서 한마디 덧붙였다.

"그래도 내 덕에 지각은 면했잖아?"

이런 일은 회사생활에서 빈번했다. 기가 차는 일화들이 나열하기도 버거울 정도로 숱하게 일어났다. '경력'을 쌓기 위해 버티는 동안 나는 몸이 부서지게 아픈 날도, 지독한 피로가 암 덩어리처럼 번지는 날도, 남자친구와 헤어져 세상이 흑백으로 보이는 날도 회사에 나갔다. 그렇게 출근하면 내 아픔과 슬픔은 회사에서 아무것도 아니었다. 회사에서 개인의 고통을 드러내면 공과 사를 구분 못 하는 바보 취급을 당하기 십상이었다.

몸이 아플 때 꾸역꾸역 출근하는 것보다 고통스러운 건 슬픔이 감당되지 않을 때였다. 연애가 끝난 다음 날 아침부터 아무 일도 없었던 것처럼 웃는 얼굴로 출근해 인사를 하고 명랑하게 행동해야 했다. 가족들과 지독하게 싸우고 마음에 돌덩이가 들어앉은 듯 무거워도 회사에서는 평범한 가정사를 가진 사람처럼 굴어야 했다. 친했던 누군가의 부고를 듣고 그 슬픔을 감내하는 시간에도 회의에 참석하고 전화를 받고 미팅을 진행하며 맡은 바를 해치워야 했다. 그렇게 주말을 제외한 모든 날은 내가 아프거나 실연을 당하면 안 되는 날이었다.

하지만 그건 아무리 생각해도 가혹하다. 연료를 넣어 가동하는 로봇이 아닌 이상 우리는 사랑을 하고, 이별을 하고, 친구가 생겨 우정을 나누고, 더러 예기치 못한 슬픔을 맞이

하고, 슬픔을 이겨내기 위한 시간이 필요하다. 그게 사람이다. 사람은 본래 그리 산다. 하지만 회사는 그런 겨를을 인정하지 않는다. 늘 발랄하고 활달하게 회사의 모든 요구에 '예스(Yes)'로 답하길 바란다. 그 시절 나는 그 요구를 받아들이기 위해 자신을 소중히 여기지 못한 채 회사를 다녔다.

프리랜서가 되면서 좋은 점이 뭐냐고 묻는 이들이 많다. 장단점이 참 많은데, 가장 좋은 점은 마음껏 아파도 된다는 거다. 슬플 때 꺼이꺼이 울 수 있고, 기분이 좋으면 신나는 음악을 들으며 일할 수 있다. 몸이 아파도 회사 다닐 때처럼 점심시간에 밥을 거르고 숨 막힐 듯 뛰어 병원에 다녀오거나 윗사람 눈치를 볼 일이 없다. 언제든 병원에 가서 상한 건강을 치료하면 된다. 옷이 터지면 누구에게 양해를 구할 필요 없이 방에 들어가 옷을 갈아입으면 된다. 우울하면 냉장고를 열어 달콤한 것을 꺼내 먹고, 억지로 웃으며 일하지 않아도 된다. 감정이 맑아질 때까지 휴식도 취할 수 있다. 세상사가 버거우면 집 밖에 나가지 않고 서재에 틀어박혀 일해도 누가 뭐라 하지 않는다.

아픔을 감당하는 데는 수많은 에너지가 소모된다. 그 아픔을 감추고 괜찮은 척, 명랑한 척 하지 않고 마음껏 아파도 된다는 그 당연한 사실을 프리랜서가 된 후에야 제대로 배웠다. 자신을 소중히 여기는 방법은 여러 가지가 있는데, 정규직을 포기하고 프리랜서가 되는 것만으로도 그중 하나를 달성할 수 있다는 게 참 신기하지 아니한가.

퇴사, 그만 외치면 안 될까?

회사가 프리패스가 아니었듯,
퇴사도 마냥 자유는
아니야

마치 퇴사가 유행이라고 느낀다. 용감하게 퇴사를 하고 그동안 쌓인 스트레스를 앙갚음하듯 자유롭게 세상으로 나와 하고 싶은 일을 하며 사는 것. 퇴사라는 투박한 단어에 담긴 로망이다. 퇴사를 부추기는 책과 콘텐츠가 즐비하고, 퇴사 후 성공담까지 적지 않게 나오고 있으니 퇴사, 그까짓 것이다.

그런데 좀 답답하다. 정말 퇴사만 하면 행복할 것 같은데, 왜 내 눈에는 퇴사를 향한 갈망이 오히려 더 답답해 보이는 걸까? 나의 경험과 주변의 넉넉한 실패담을 들어서일까? 이렇게 퇴사를 권하는 분위기는 뭔가 잘못되었다고 느낀다.

스물여섯 살이었다. 내가 처음 퇴사를 한 나이는. 그때나 지금이나 공들여 입사한 회사를 그만둔다고 하면 부모님들의 반응은 불만할 것이다. 내 엄마도 마찬가지였다.

"그냥 좀 다녀. 남들은 참고 잘만 다니는 회사를 왜 너만 못 버티고 나온다는 거야? 그냥 조신하게 회사 다니다가 돈 모아서 시집가야지!"

퇴사를 선언한 무렵 엄마가 아침저녁으로 얼굴을 찌푸린 채 내 가슴에 못 박던 말들이다. 물론 반대편 귀로 다 흘러나갔기 때문에 나의 결정에 어떤 영향도 끼치지 못한 말들이다.

당시 퇴사를 한 데는 여러 가지 이유가 있었는데, 대학 졸업 후 회사를 1년 반쯤 다니고 나니 슬슬 매너리즘이 왔고, 내게는 손길이 크게 뻗치지 못했지만 윗사람들의 애먼 사내 정치 때문에 사원들만 골병 나도록 일하는 게 싫었다. 툭하면 팀을 옮기거나 합치는 인사이동의 스트레스도 만만치 않았다.

가장 큰 이유는 내 글을 쓰고 싶어서였다. 새벽같이 일어나 회사에 가고, 퇴근해 돌아와 저녁을 먹고 나면 씻고 자는 게 일상이었다. 퇴근 후나 주말에 글을 쓰고 싶었는데 체력이 받쳐주질 않았다. 생각할 겨를 없이 잠들고 일어나 일하고 다시 돌아와 잠드는 일상에서 벗어나면 자유롭게 내 글을 쓰고 등단도 할 수 있을 것만 같았다.

사표를 내던 날의 그 두근거림이란! 회사의 양식에 맞춰 '개인 사정'이라는 모호한 단어를 넣어 작성한 사직서를 차분히 차장님께 제출했을 때, 차장님의 떡 벌어지던 입을 아직도 잊을 수 없다. 아마 차장님이나 윗선 입장에서는 1년 넘게 잘 가르쳐 이제 부려먹기 딱 좋은 직원이 그만둔다니 김빠지는 일이었을 것이다.

회사를 그만둘 때는 미리 계산이 있었다. 1년 넘게 모은 적금으로 절약하며 살면 10개월쯤 버틸 수 있을 것 같았고, 그동안 구상해오던 소설에 필요한 것을 취재하며 살 수 있을 것 같았다. 늦잠도 푹 자고, 새벽에 라디오를 듣는 꿈 같은 시간을 계획했다. 그런데 시간이 언제나 생각대로 흐르는 게 아니듯, 상황이 계획대로 흐를 리 없다. 그것을 퇴사 전에는 몰랐다.

일단 계획에 없던 경조사가 곧잘 생긴다. 취재를 다니거나 사람을 만나는 일이 회사 다닐 때보다 훨씬 늘어난다. 회사를 그만뒀다는 소식을 들으면 만나자는 사람이 꽤 많아지기 때문이다. 당연히 지출이 늘어난다.

회사를 그만뒀기 때문에 모든 집안일은 당연히 내게 넘어온다. 퇴사 후 글 쓰는 임시 백수가 될 줄 알았는데, 글 쓸 준비만 하는 전업주부가 되고 말았다. 가족들은 내가 회사를 그만두자 집안일에서 칼같이 손을 뗐고, 나는 아침에 출근하지 않는다는 이유로 모든 일을 도맡아야 했다.

결국 글은 제대로 쓰지도 못했고, 예상했던 10개월이 아닌 5개월 만에 돈은 모두 떨어지고 말았다. 핸드폰 요금과 보험료가 빠져나가는 날이면 얼마나 긴장되었는지 모른다.

게다가 아침마다 방문을 열고 외치는 엄마의 고함에 화병이 날 것 같았다. 백수생활이 무색하게 매일 아침 7시경, 엄마는 문을 박차고 들어와 나를 깨웠다.

"그만 자고 당장 일어나!"

"회사도 안 가면서 뭘 잘했다고 늦잠이야!"

회사를 그만둔 것도 마음에 안 드는데 허구한 날 새벽까지 글을 끼적이다가 낮까지 푹 자는 딸이 고울 리 없었다. 나는 바짝 다가온 생활고와 예정대로 쓰지 못한 장편소설의

절반에서 머뭇거리다 재취업을 하고 말았다. 금쪽같은 백수 생활은 6개월 만에 종료되었다.

이처럼 퇴사 후 생활이라는 게 그리 아름답게만 흐르지 않는 것인데, 예전에는 남의 떡이라 좋아 보였던 걸까. 재취업 후 나는 쉬지 않고 일했다. 이직할 때도 점심시간이나 연차를 활용해 면접을 보러 다녔고, 공백기 없이 퇴사 후 바로 새 직장에 출근해 일하며 지냈다. 또다시 새벽같이 출근하고 늦은 밤 돌아와 씻고 뻗는 반복을 시작했다. 그리고 다시 회사를 다니며 의도치 않게 나는 '절필'했다.

이후 수년이 흐른 뒤에야 프리랜서로 일하며 조금씩 내 글을 쓰기 시작했다. 이것 역시 일을 하며 어느 정도의 수입을 얻고 있다는 전제하에 가능하다. 돈 한 푼 못 버는 상태에서 글만 쓴다는 건 사치였다. 금수저가 아닌 이상 글 쓰는 시간은 미뤄도 돈벌이는 미룰 수 없는 게 현실이었다. 혹독하게 겪어본 퇴사 후 자유로운 집필시간은 그리 아름답게 다가오지 않았다.

그래서 자꾸 퇴사를 부추기는 글들을 보면 왜 사람들에게 밝은 면만 보여주려는 걸까 의심스럽다. 해가 뜨니까 달도 뜨는 것처럼, 퇴사 후 자유로운 생활에는 반드시 뒤따르는 부담과 지출, 용기가 필요한데 그저 자유롭다면서 눈을 흐리는 것 같다.

입사에 목을 매는 사회 분위기도 문제가 있다. 사실 직업, 취업이란 어떤 일을 하며 사는가가 가장 중요한데, 요즘은 그저 어디에 소속되는지에만 급급한 것 같다. 어떤 부서에서 어떤 일을 하는지보다 대기업에 입사하는 게 중요한 것처럼 보인다. 입사만 하면 행복으로 가는 프리패스를 끊은 것처럼 구는 것이다.

공무원 취직도 비슷한 경우가 있다. 어떤 업무가 내게 맞는지보다 공무원이 국가 소속이란 이유로 열광하고, 이른바 '철밥통'이 주는 안정감에 사활을 건다. 얼마 전 친한 동생으로부터 갓 취업한 친구의 이야기를 전해들었다.

"제 친구가 열심히 공무원 시험을 준비해서 합격하고 얼마 전부터 배정받아 일을 하고 있어요. 친구는 고생해서 시험에 붙었으니까 이제 편하게 살 거라고 생각했는데 일이 엄청 고되고 많은가 봐요. 그래서 노선을 고민하고 있다더라고요."

"무슨 노선?"

"그냥 열심히 일할지, 위에서 시킨 것만 대충 하면서 편히 지낼지.”

“그럴 거면 공무원 시험은 왜 본 거래?”

“공무원 되면 편하다는 생각으로 고생해서 봤으니, 자신의 고생만큼 보상을 받고 싶다는 거죠. 그 마음이 이해가 안되는 건 아니에요.”

공무원 시험은 공무원으로서 일하기 위해 치르는 관문인데, 시험에 합격해 공무원이 되면 왜 편안해져야 할까? 공무원 시험은 나랏일을 잘할 수 있는지 자질을 판단하는 시험일 뿐이지 열심히 공부한 사람에게 안정과 자유를 주는 신분상승 시험이 아니다. 이런 케이스야말로 취직을 행복의 프리패스로 착각한 사례 아닐까.

일단 입사만 하면 행복해지고 편안해지는 직장은 이 세상에 없다. 그럼에도 여전히 입사에 목매는 사람들이 너무 많고, 그래서 퇴사가 절실해지는지도 모른다. 입사하면 모든 것이 안정될 거란 환상, 회사의 간판이 나의 입지를 올려줄 거란 허망한 기대, 이번에 들어가는 회사가 처음이자 끝인 것처럼 온 정성과 심혈을 기울이는 입사 준비. 막상 들어오고 나면 생각지 못한 일들이 매순간 일어나는 직장은 기대

만큼 우리에게 행복을 덥석 안겨주진 않는다.

그래서 스치는 월급에 우울해지고, 억지 부리는 꼰대의 지시에 따라 '화려하면서 심플한, 다크하면서 샤한(?)' 문서를 만드는 것이다. 열심히 준비해서 입사하면 돈 때문에 고생 안 하고 삶의 안정을 찾을 것 같지만, 평생직장이 이미 사라진 사회에 살면서 첫 회사에 목숨 걸듯 입사하는 것은 어리석은 일일지도 모른다. 회사의 이름보다는 내가 무엇을 하며 살지, 취직을 한 뒤에는 어떤 삶을 살게 될지 아주 충분한 고민이 필요한데 말이다.

나 역시 대학 졸업 후 충분한 고민 없이 입사했다. 그 덕에 퇴사를 하고 잠시나마 자유를 계획했지만 이내 있던 곳으로 돌아왔다. 이후 끝이 보이지 않는 회사생활을 견뎌야 했고, 프리랜서가 되고도 불안과 불편을 감내하며 한자리를 지키며 살고 있다. 퇴사 전의 고통과 안정감, 퇴사 후의 불안과 자유 중 양자택일해야 하는 상황에서 나는 후자를 선택했을 뿐, 퇴사가 내 삶의 주인공은 아니었다.

지인들의 사례도 함께 보자면 퇴사 후 여행을 다니며 책을 쓰고 강연을 다니거나, 돈을 모아 카페를 차리는 아름다운 풍경이 있고 사람들은 그 모습을 동경한다. 하지만 아름다운 모습 뒤에는 이번 달에 계좌에서 빠져나갈 요금을 걱정하고, 카페의 임대료를 계산하며, 종일 설거지하느라 걸린 습진에 약을 바르는 이면도 있다. 또 스타 강사가 되지 않는 한 강연료는 기함할 정도로 적은 액수라는 걸 대부분의 사람들은 모른다.

그러니 자꾸 퇴사를 외치라고, 시원하게 나오라고, 자유를 꿈꾸라고 부추기는 달콤한 말에 너무 마음을 뺏기지 않았으면 한다. 회사가 행복으로 가는 프리패스가 아니었듯, 퇴사도 자유를 보장해주지 않는다.

CHAPTER 2

프리랜서로
살아보니
괜찮습니다

테이블이 필요해

없어서는
안 될 것이라면
오로지 테이블

회사원 시절 쓰던 책상의 종류는 정말이지 다양해서 '추억의 책상 컬렉션'을 짜면 볼만하겠단 생각이 들 정도다. 허옇고 무뚝뚝한 사무실용 책상이 가장 많았고, 톱밥을 압축한 MDF 위에 필름을 붙여 만든 흔하고 싼 책상도 다수였다. 이런 책상은 오래 쓰다 필름이 들고일어나면 톱밥 부스러기가 조금씩 흘러나왔다. 독서실 책상처럼 위에 책꽂이가 얹어진 것을 쓴 적도 있고, 마지막에 다니던 회사의 대표는 어설프게 외국 회사의 영향을 받아서인지 조립식 책상 재료를 잔뜩 사와서 직원들에게 직접 조립을 시켰다. 이사하던 날 늦은 밤까지 맨손으로 책상을 조립하던 그날의 기억은 최악의 경험이었다.

어쨌든 일을 하려면 책상이 필요하다. 요즘 디지털 노마드족이 많다 해도 디지털 기기를 얹어놓고 자판을 송송 두들길 정도의 테이블은 있어야 할 것 아닌가. 그래서 해고를 당할 때도 '책상을 뺀다'고 표현하는 것이다. 책상은 일의 기본이자 바탕, 일의 시작, 소속감을 담아놓는 보금자리다.

프리랜서 작가인 나도 당연히 책상이 필요했다. 회사를 그만두고 프리랜서로 일을 시작한다고 했을 때 많은 사람들이 내게 작업실의 여부를 물었다. 당황스러웠지만 나는 작업실을 구할 여력이 없을 뿐만 아니라 다시 출퇴근의 압박을 받고 싶지 않았다. 일과 생활공간을 분리하는 건 프로답고 좋은 행동이 분명하지만, 단점 역시 분명하다.

작업실이라는 공간은 부동산이다. 부동산을 얻으려면 매달 월세 혹은 전세로 공간을 빌려야 한다. 부자라면 매매를 했겠지만 나는 태어나 부자였던 적이 단 1초도 없다. 공간을 빌린다면 그곳은 최소한의 관리가 필요하다. 청소와 정리, 적절한 냉난방 등등 집에서 해야 할 일을 작업실에 또 한

번 부려놓는 게 된다.

또 아침에 일어나 작업실로 가려면 얼굴에 선크림이라도 한 번 발라야 하고, 여름과 겨울이면 더위와 추위와 싸울 준비도 해야 한다. 프리랜서면서 하나도 자유롭지 않은 모습이다. 작업실이란 게 그렇다. 물론 누군가와 공동 작업을 하거나 필요한 기기와 자료가 많은 경우라면 당연히 작업실이 필요하다. 하지만 나처럼 혼자 일하는 프리랜서라면 작업실은 잡무를 늘리는 일등공신일 것이다.

다들 내게 질문하고 기대했던 작업실은 없었지만 다행히 내게는 테이블이 하나 있었다. 신혼집 거실에 있던 원목 테이블이었다. 우리 부부의 신혼집은 침실 하나에 아주 좁은 부엌, 부엌과 이어진 거실, 베란다, 또 아주 좁은 욕실이 전부인 작은 아파트였다. 얼마나 좁았냐면 침실에는 침대와 화장대를 두니 문을 여닫는 폭의 공간 외에 아무것도 넣을 수 없는 정도였다. 거실의 한쪽 벽면은 붙박이장이었는데 여기에 우리 부부의 옷가지와 이불 등이 꽉꽉 들어차 있었다. 식사는 주로 넣었다 뺐다 할 수 있는 아일랜드 식탁에서 했다.

앞서 말한 테이블은 거실의 붙박이장 건너편에 있었다.

에어컨이 서 있고 바로 옆에 허리 높이의 원목 책장이 있었다. 둘 다 결혼하면서 정말 좋아하는 책 몇 권만 가져왔는데도 책장은 터지기 직전이었다. 그 옆에 가로 170cm의 고무나무 테이블과 의자 두 개를 뒀다. 남편과 가구점에서 이 테이블을 고를 때는 가끔 노트북을 하거나 오디오를 얹어놓는 정도의 간단한 용도로 사용하려고 했다. 두 번째 집으로 이사할 때 이 테이블을 식탁으로 쓰자는 계획도 있었다.

원목 상판은 튼튼했고, 길이도 알맞아서 손님이 오더라도 서너 명이 앉아 밥 먹기에 괜찮은 사이즈였다. 우리는 이 테이블을 거실 한편에 두고, 책장이 도저히 안 되겠다며 토해놓은 책 몇 권과 블루투스 오디오, 작은 노트북과 조화를 꽂은 화병 하나를 얹어놓았다. 그 테이블은 그 정도의 일만 해도 충분했다.

한가롭게 우리 집에서 몇 가지 물건을 얹은 채 다음 집에서 식탁으로 승진할 날을 꿈꾸던 테이블은 어느 날 갑자기 회사를 그만둔 나 때문에 막중한 임무를 받게 되었다. 하루 아침에 나와 가장 많은 시간을 보내는 도구이자 일터가 된 것이다.

일단 일을 시작하려니 잡스러운 것들을 다 치워야 했다. 블루투스 오디오는 책장 위 좁은 틈에 아슬아슬하게 놓였고, 화병은 모서리에 간신히 살아남았다. 노트북은 중앙에 놓이고, 업무에 필요한 노트와 다이어리, 필기구, 자료로 쓸 도서 몇 권이 열을 맞춰 자리를 잡았다. 의자 두 개 중 하나는 걸리적거려서 아일랜드 식탁 앞에 갖다놓았다.

한가롭게 2년 뒤만 기약하던 테이블은 예정보다 빨리 승진했다. 대신 승진의 아픔을 겪어야 했다. 낮에 8시간 가까이 테이블 위에서 지내다 보니 이런저런 흠집이 많이 생겼다. 테이블에 칼이나 가위를 갖다 댄 적이 없음에도 무엇에 긁힌 건지, 테이블 위에 무수히 많은 흠집이 남았다. 일하다 피곤해 엎드려 잘 때는 테이블의 상판이 내 뺨을 시원하게 받쳐줬다. 많이 바쁜 날에는 점심식사를 거르고 빵과 커피로 때우곤 하는데, 업무용 책상과 티 테이블 역할까지 감당하느라 아주 열심이었다.

책상을 새로 구입하지 않아도 충분한 테이블이 있는 건 다행이었지만, 거실은 업무용 공간으로 후한 점수를 받긴 어려웠다. 일하다 오른쪽을 보면 볕이 잘 들어오는 베란다 덕에 허상에 빠지거나 멍해지기 일쑤였고, 왼쪽을 보면 바로 주방이 있어 잡스러운 주방 일이 눈에 들어왔다. 일하다가 일어나 주방을 정리하거나 빨래를 갠 적도 많았다. 책상에서 완전히 뒤를 돌면 욕실이 보였다. 그 거리가 멀지 않아서 가끔 화장실에서 일하는 기분도 들었다.

그래서 두 번째 집으로 이사를 한다면 방 한 개는 큰맘 먹고 내게 떼어주리라 다짐했다. 아주 작은 방이어도 괜찮다. 그곳에는 일하기에 딱 좋은 책상과 컴퓨터를 설치하고, 좋아하는 그림을 걸고, 책상 위는 말끔하게 정리하리라. 뒤편의 책장에는 내 소지품과 필요한 것을 정리하고 커튼도 내 취향대로 걸어놓고 싶었다.

그 다짐은 지금 사는 집으로 이사 오며 모두 이루어졌다. 길쭉한 모양의 작은 방을 서재로 만든 것이다. 하얀 벽면에 좋아하는 에곤 실레의 그림을 걸고 은은한 무늬의 시계를 하나 사서 걸었다. 달력은 작은 것으로 한 장 걸어두었고, 신혼집 거실에 있던 책장도 서재로 들였다.

다만 다짐과 달리 신혼집의 테이블은 본래 목표였던 식탁이 될 수 없었다. 내가 쓰는 동안 생긴 많은 흠집, 그리고 업무용으로 쓴 시간 때문인지 그 테이블에 밥을 올려놓고 먹는 건 상상할 수 없었다.

정이 들었다는 단순한 말로 표현하기 어려운 감정이었다. 나무였던 것이 무생물인 테이블이 되었건만, 그 테이블은 내게 익숙한 동료였다. 피곤한 나머지 잠시 엎드려 잘 때면 다독다독 위로를 전하던 매끈한 상판, 갑작스레 일이 몰리던 날 쌓여가는 자료와 도서를 거뜬히 들고 있던 몸이며, 한가로운 날은 뜨거운 커피가 담긴 머그잔도 고고히 감당하던 테이블은 이제 식탁으로 영영 돌아갈 수 없는 소중한 동료가 되어 있었다. 결국 테이블은 두 번째 집에서 주방이 아닌 서재로 이사를 왔다. 식탁은 새로 4인용을 샀다.

프리랜서가 되기 위해 준비할 사항 중 우선해야 할 것은 작업실보다 테이블일 것이다. 그저 내 한 몸 받쳐주는 테이블 하나. 딱 그것 하나부터 장만해야 한다. 그 외에는 있으면 좋을 것들이지만, 없어서는 안 될 것이라면 오로지 테이블이다.

테이블 다음으로 소중한 것은 서재다. 일할 공간이 생기면 일의 효율에 굉장한 영향을 준다. 과거에 6~8시간 걸리던 일이 서재에서는 4시간이면 끝난다. 아마 왼편의 주방도 오른편의 베란다도, 뒤편의 화장실도 보이지 않아서일 거다.

나무였던 것이 무생물인 테이블이 되었건만,

그 테이블은 내게 익숙한 동료였다.

피곤한 나머지 잠시 엎드려 잘 때면 다독다독 위로를 전하던 매끈한 상판,

갑작스레 일이 몰리던 날 쌓여가는 자료와 도서를 거뜬히 들고 있던 몸이며,

한가로운 날은 뜨거운 커피가 담긴 머그잔도 고고히 감당하던 테이블은

이제 식탁으로 영영 돌아갈 수 없는 소중한 동료가 되어 있었다.

테이블 주위로 나와 컴퓨터, 일감이 실랑이를 하며 일에 매진할 수 있는 서재라는 공간은 굉장한 집중력을 선물한다.

말끔히 정돈된 서재에서 평소보다 빠른 손가락으로 키보드 위에서 날아다니듯 신나게 글을 쓰다 거실로 나오면 또 제 몫을 하는 소파가 나를 안아준다. 소파에 기대 문 열린 서재를 바라보면 테이블도 한숨 돌리며 쉬는 모습이 보인다. 나의 소중한 프리랜서 메이트가 쉬는 모습이다.

인싸 되는 법

자발적 아싸에서
은근한 인싸가
되어간다

"아침은 드셨어요?"

오전에 잡힌 인터뷰를 시작할 때 분위기를 풀고자 내가
자주 하는 말이다. 오후에 인터뷰를 한다면 조금 다르게 질
문한다.

"점심은 맛있는 거 드셨어요? 저는 오기 전에 ○○○를
먹었는데요."

인터뷰 내용과 전혀 관계없는 식사 메뉴를 묻거나 만나기
전의 기분, 스케줄 등을 시시콜콜 캐묻지 않는 선에서 간단
히 물어보고, 그와 관련해서 이런저런 사담을 나눈다. 이런

사담이 술술 풀리지 않으면 인터뷰가 이루어지는 지역에 대한 이야기도 묻는다.

"이 지역에 오래 사셨어요? 저는 이쪽에 잘 와보지 않아서 아는 게 별로 없어요. 유명한 관광지나 가볼 만한 데 있으면 하나 알려주세요!"

인터뷰이의 성향이 활발하다면 몇 마디의 사담으로 분위기가 금방 화기애애해진다. 반면 수줍음이 많거나 말수가 적은 인터뷰이는 본격적인 인터뷰가 들어가기 전 사담을 몇 마디쯤 주고받은 다음에야 필요한 말문이 터진다. 그러니까 이런 사적인 질문과 수다를 얼마쯤 꺼내는 건 원활한 인터뷰 진행과 내용을 풍성하게 수집하기 위한 밑 작업이라 할 수 있다.

물론 이렇게 먼저 말을 걸어 대화를 이끄는 성향이 본래 내 성격과 잘 맞아떨어진다고 할 수는 없다. 인싸(인사이더의 줄임말)와 아싸(아웃사이더의 줄임말), 그중 나는 자발적 아싸에 가까운 사람이다. 사교성이 스펙처럼 통용되는 요즘, 아무래도 인싸형 인간일수록 어디서나 인기를 끌고 취직이든 업무든 유리하게 풀어가기 쉽다. 하지만 세상 모두가 쾌활하고 사교적이지 않다는 불변의 진리에 따라, 나는 아싸형 인간이 프리랜서로 살아가는 나름의 사정을 털어놓으려 한다.

학교에 다니기 시작하면서 우리는 아마 본능으로 인싸와 아싸를 구분했을 것이다. 학교에서 인간관계의 층위는 대략 세 가지로 나뉘었다. 누구하고든 웃으며 잘 지내고 주목받는 인싸가 있고, 있는 듯 없는 듯 존재감이 가물가물한 아싸가 있다. 주목까진 안 받더라도 사람들 사이에 모나지 않게 두루뭉술 섞여 있는 중간 단계의 사람도 있다.

고등학교를 졸업할 때까지의 나는 중간 단계에 머물렀다. 누구하고나 웃으며 지내기엔 내면의 호불호가 강했고, 존재감 없이 지내기엔 외로움을 많이 탔다. 모나지 않게 잘 지내는 중간 단계에 속해 있는 게 무난하게 학교에 다니기 괜찮은 소속이었다.

고등학교 졸업 후 1년 재수를 거쳐 대학에 입학했는데, 이때부터는 자발적 아싸에 속했다. 대학 동기들과 큰 갈등 없이 두루 지내긴 했지만 마냥 재밌어서 잘 지낸 건 아니었다. 일단 아르바이트가 바쁘기도 했고 소위 말하는 '캠퍼스 생활'보다 학점과 생활비가 중요했기 때문에 동기나 선배 들과의 자리를 적당히 조절해가며 적정선의 인간관계를 유지하는 정도였다. 집에서 학비와 용돈을 받으며 즐겁게 학교에 다니고 여가생활을 보내는 동기들과 공감대가 형성되지 않았다는 점도 큰 요인이었다. 언젠가 같은 동기지만 한 살 아래였던 동생이 거리낌 없이 내게 했던 질문이 기억난다.

"언니는 왜 자꾸 아르바이트를 해요?"

동갑내기에게는 이런 말도 들었다.

"네가 자꾸 아르바이트한다고 일찍 가니까 친해질 수가 없어."

내가 지금 몹시 가난해서 학교에 다니고 생활하려면 아르바이트를 반드시 해야 한다고 차마 말할 수 없었지만, 그날의 이질감은 졸업할 때까지 아싸로 살 수 있는 든든한 에너지가 되었다. 나는 수업이 끝나면 곧장 아르바이트를 하러 달려가고 새벽까지 일하거나 과제를 했지만, 동기들은 우르르 몰려 떡볶이를 먹으러 가거나 술을 마시곤 했다. 수업시간을 앞두고는 말도 섞고 이런저런 장난도 치고, 시험기간에는 여차저차 섞여 도서관에서 함께 공부도 했지만 도무지 친근함을 느낄 수가 없었다. 이 시절의 나는 학교 밖 인간관계가 훨씬 편했다.

이런 자발적 아싸 성향은 회사에 다닐 때도 이어졌다. 회사생활을 하면 다시 층위가 나뉜다. 직급·부서 관계없이 웃으며 말을 섞고 회식에서 온몸을 불살라 인기몰이를 하는 인싸, 용건 외에는 별다른 말을 하지 않고 조용히 지내는 아싸, 모두와 잘 지내진 않지만 적당히 웃어가며 싫은 티를 내지 않는 중간 단계. 학교에서와 마찬가지로 회사 역시 인간관계의 층위는 세 단계로 나눠졌다.

나는 중간 단계와 아싸의 층위를 오고 갔다. 회사생활을 한 해 두 해 겪어보니 회사에서 사적인 말은 안 할수록 이득이었다. 시간이 갈수록 경력과 말수는 반비례했다. 또 적당히 웃어가며 싫은 티를 내지 않는 중간 단계로 지낼 땐 남들이 하기 싫은 업무를 떠안게 되는 경우가 많았다. 비사교적으로 보이면 인사고과에 안 좋을까 봐 적당히 나를 드러냈을 때의 부작용이다.

회사를 그만두면서 역할극은 그나마 정리되었지만 결국 프리랜서도 사회에 속하기는 마찬가지다. 직장 내에서 서열과 사내 분위기에 맞춰 성격을 관리할 정도는 아니지만 적어도 클라이언트를 대할 때, 업무상 담당자와 교류할 때, 나처럼 인터뷰와 취재가 빈번한 직업인 경우 낯선 이와의 대면에서 적당한 페르소나를 갖춰야 하는 건 어쩔 수 없다. 프리랜서로 일하면서 아싸의 기질까지 가감 없이 드러낸 다면 클라이언트가 나를 다시 찾는 일은 기대하지 않는 편 이 낫다.

본래 내 성격을 털어놓자면 낯선 사람에게 말을 잘 거는 편이 아니고, 심심풀이용 농담을 주고받는 걸 질색한다. 특 별한 용건이 있지 않고서야 타인에게 오늘 먹은 메뉴를 묻 거나 인근 관광 정보를 물을 성격이 결코 못 된다. 수줍음 이 많아서 궁금한 게 있어도 질문을 못 하고, 어린아이가 애 교를 떨어도 다정하게 받아주지 못한다. 오죽 수줍음이 많 으면 길에서 요구르트 카트를 끄는 아주머니에게 사고 싶 은 게 있는데 몇 년째 말 한마디 못 걸어봤다. 각별하게 친 해진 다음에는 부끄러운 속내까지 꺼낼 정도로 정을 주지 만, 그렇게 되기까지 만만치 않은 시간이 필요한 전형적인 아싸다.

그럼에도 인터뷰를 나가거나 취재가 잡힐 때, 새로운 클 라이언트를 만나거나, 취재를 함께 가는 낯선 동행이 있을 땐 내가 가진 가장 말끔한 페르소나를 꺼내 얼굴에 씌운다.

'오늘의 나는 밝고 쾌활해. 구김 없이 예쁘게 자란 어른이야. 그러니까 즐겁게 이야기할 수 있어. 오늘 나는 다정할 거야.'

이런 다짐을 입 안에서 곱씹으며 현장으로 향한다. 전날 폭우가 쏟아졌다면 날씨 이야기를 하고, 올림픽이나 월드컵처럼 온 국민이 화제로 삼는 주제로 대화의 물꼬를 트기도 한다. 동행자와 자동차나 기차를 타고 긴 시간 가야 할 때는 드라마나 영화 이야기를 괜스레 꺼내기도 하고, 인터뷰 자리에서는 더없이 자주 웃는 얼굴을 보인다.

그 덕에 인터뷰이들은 나를 따라 곧잘 웃는다. 젊은 사람이 싹싹하다며 칭찬하는 어르신들이 많고, 딱딱한 표정으로 시작했지만 속내를 스스럼없이 꺼내는 진솔한 인터뷰로 마무리되는 날도 많다. 업무 담당자들과는 처음엔 적당한 페르소나로 편안하게 지내다, 시간이 지나면서 진짜 내 모습으로 조우한다.

하루 종일 페르소나를 쓰고 있다가 집에 도착하면 쓰고 있던 페르소나를 마음속에 주섬주섬 챙겨 넣지만 이렇게 애쓰는 가운데 내가 은근한 인싸가 되어간다고 느낀다. 오늘 하루 구김 없던 내가 좋았다면, 수줍은 나는 잠시 잊고 상대

방과 끊임없이 웃음을 터뜨렸다면, 그토록 바랐던 페르소나가 이미 내가 된 게 아닐까?

혼자 감내하는 게 익숙했던 삶에서 은근한 인싸로 변해간다고 느끼는 요즘, 사람들 주변을 겉돌던 나는 프리랜서로 살며 보다 단단해지고 있다. 단단해진 만큼 자연스럽게 인싸가 되어가고 있다. 굳이 페르소나를 꺼내지 않아도 웃을 수 있고, 진심으로 즐거운 인터뷰와 대화를 소유하는 현재는 내가 자발적으로 선택한 인싸의 길이다.

남편의 꿈

프리랜서 아내를
지켜보는
남편의 속사정

나는 프리랜서지만 남편은 주5일 꼬박 출근하며 일하는 정규직이다. 결혼생활을 시작할 땐 둘 다 정규직이었지만, 얼마 뒤 내가 프리랜서로 업무방식을 전환한 뒤 우리 부부의 생활 패턴은 조금씩 달라졌다. 그 변화에 대해 남편은 나를 부러워하기도, 가끔은 안쓰러워하기도 하며 자신 역시 프리랜서로 전환하고 싶어 분투 중이다.

다음은 평소 남편의 생각을 내 나름으로 이해하고 상상하며 쓴 글이다. 프리랜서 아내를 둔 남편의 입장이 되어, 그동안 우리가 나눈 이야기와 감정을 적어보았다.

제 아내는 프리랜서 작가 겸 기자입니다. 올해로 결혼 6년 차, 그녀의 5년 차 프리랜서 생활을 모두 곁에서 지켜본 사람이 바로 접니다. 주변에서 가끔 작가 아내를 두면 어떤 기분이냐, 아내가 프리랜서면 집안일을 다 해주냐 등등 여러 가지를 물어보는 걸 보며 프리랜서 생활에 대해 궁금해 하는 분들이 많다고 느낍니다.

연애 시절과 결혼 직후의 아내는 회사원이었습니다. 솔직히 말하자면 회사에 다닐 때 아내의 상태는 최악이었습니다. 하루도 빠지지 않고 하는 야근, 성과를 쥐어짜내는 상사들, 그렇다고 월급이 많지도 않았고, 어디 아프기라도 하면 눈치 보느라 병원 가는 건 꿈도 못 꿨죠.

하루는 결혼하고 얼마 안 됐을 때였는데 회사 대표가 불러내 말도 안 되는 트집을 잡았다고 전화로 털어놓더라고요. 왜 그런 거 있죠. 딱히 잘못한 건 없는데 한 번씩 아랫사람들 불러서 시험하고 닦달하는 분위기. 그날 아내가 스트레스를 많이 받았는지 위경련이 왔어요. 정말 끔찍하죠. 그렇게 위경련이 시작됐는데 그 후 스트레스가 심한 날이면 어김없이 위경련이 찾아왔습니다.

한번은 퇴근한 지 꽤 됐는데 집에 안 오는 거예요. 저는 비교

적 정시퇴근이 가능한 회사를 다녀서 늘 먼저 집에 도착해 아내를 기다렸거든요. 아내가 퇴근한 지 거의 3시간이 다 돼서야 돌아와서 하는 말이, 퇴근하면서부터 위경련 증세가 시작됐는데 집에 오는 지하철역마다 내려서 화장실에서 구토를 했다는 겁니다. 택시를 타면 차 안에서 토할까 봐 무서워서 타지도 못하고, 스무 역이 넘는 구간 동안 지하철을 내렸다 타기를 반복하면서 꾸역꾸역 온 거예요.

저는 늘 불안했어요. 이제 갓 결혼한 제 아내에게 무슨 일이 생기는 건 아닐까. 한창 예쁘고 즐거워야 할 신혼생활인데 아내는 항상 아팠고 힘들어 보였어요. 이직을 해도 같은 상황이 반복됐고요. 그랬던 아내가 거듭 고민하고 프리랜서가 되니 정말 거짓말처럼 건강해졌답니다. 가끔 아파서 병원 갈 일은 생기지만 예전처럼 아파도 참고 버틸 필요가 없고, 무엇보다 회사에서 받는 인간관계 스트레스가 차단돼서인지 말도 못하게 건강해졌어요. 결국 마음의 병이 몸에 병을 키웠던 거죠.

그렇게 아내는 아침 일찍 일어나 우리의 아침상을 차리고 낮에는 취재를 가거나 집에서 글을 쓰고, 저녁에는 또 저녁상을 차리는 생활을 시작했습니다. 그러다 보니 저는 아내가 일을 하고 있다는 사실을 자꾸 잊게 되고, 전업주부처럼 느껴지기도 했어요. 분명 프리랜서로 자리 잡기 위해 얼마나 애썼는지, 새로운 일을 잘 해내기 위해 일하는 시간보다 공부하는 시간이 더 많은 그녀의 생활을 곁에서 지켜보면서도 말입니다.

그래서 새벽까지 마감을 하느라 바빴던 아내에게 아무리 바빠도 아침은 챙겨달라고 떼를 쓰거나 회사 앞으로 마중 나와달라고 조른 적이 많았습니다. 저보다 집안일을 좀 더 많이 하고 있다는 점을 알면서도 주로 집에서 일하는 아내가 살림을 더 많이 맡아주길 바랐어요. 회사 일에 필요한 걸 집에 두고 오면 아내에게 가져다달라고 당당하게 요구한 적도 있고요.

그렇게 프리랜서로 사는 아내에게 사소한 노동을 떠밀었으면서, 저는 아이러니하게도 프리랜서가 되고 싶었습니다. 이것 역시 아내가 얼마나 고단하게 사는지 머리로는 이해하면서 가슴으로는 이해하지 못했기 때문이겠죠. 회사에 출근하지 않고 일하는 아내, 아프면 누워 쉬면서 옷도 편하게 입을 수 있고, 상사로부터 스트레스도 받지 않는 아내의 프리랜서 생활. 다른 사람들이 프리랜서를 환상으로 바라보듯 남편인 저 역시 그렇게 바라봤습니다. 그래서 저도 아내에게 프리랜서가 되겠다고 선언했습니다.

"여보, 나도 프리랜서 할래!"

아내는 놀라지도 않은 표정으로 답했습니다.

"뭐로 할 건데?"

그 담담한 질문에 저는 답을 할 수 없었습니다. 제 직업은 기업이라는 조직에 속해야만 할 수 있는 일이고, 만약 프리랜서가 된다면 구체적인 직업이나 계획 정도는 있어야 하는데 사실 백지상태였거든요. 그래도 아무 생각 없이 말한 것처럼 보이고 싶지 않아서 대충 둘러댔습니다.

"책 읽고 서평 쓰면서 살면 되지."

다시 아내는 담담하게 답했습니다.

"그건 일이 아니라 취미지."

또 답을 할 수가 없었습니다. 아내 말이 맞으니까요. 도대체 아내란 존재는 왜 항상 맞는 말만 하는 걸까요? 맞는 말만 하니까 투정도 못 부렸습니다. 그리고 아내는 이미 알고 있었던 것 같아요. 제가 그저 '편하게 살고 싶어서' 프리랜서를 하겠다고 말한 것을요. 곁에서 지켜보는 가족이면서 저는 어리석게도 아내의 노동을 휴식과 혼동하고 있던 겁니다.

한번은 먼 훗날 꿈같은 이야기를 꺼내봤습니다.

"나도 여보처럼 프리랜서가 되면 같이 한집에서 일하니까 정말 좋겠다."

이때만큼은 아내가 담담하지 못했습니다. 눈을 동그랗게 뜨더니 정색하고 답하더라고요.

"난 정말 싫은데? 적어도 일할 때만큼은 사적인 시간과 구분해야지."

"여보도 집에서 일하잖아. 그리고 한집에 있어도 각자 방 하나씩 쓰면 되잖아. 밥도 같이 먹고, 중간에 같이 쉬고, 산책도 나가고."

"기막혀 진짜. 그렇게 일과 사적인 영역의 구분이 무너지면 죽도 밥도 안 되는 거야. 만약 여보가 프리랜서가 된다면 둘 중 한 명은 작업실을 구해서 나가서 일하자."

"뭐? 진짜 너무한다. 나랑 같이 있는 게 싫어?"

"여보와 함께 지내는 시간은 우리의 사적인 시간, 가족으로서의 시간이지. 일하는 내내 보이면 신경 쓰이고, 집중하고 있는데 와서 말 걸고 그럴 거잖아. 게다가 나보고 하루 세끼 밥도 챙기라고 할 게 뻔한데 좋긴 뭐가 좋아?"

이어서 아내가 치명의 일격을 가했습니다.

"일단 그렇다 치고, 뭐로 프리랜서를 할 건데?"

여전히 저는 어떤 직업으로 프리랜서를 할지 생각조차 안 해봤으면서 그저 아내와 하루 종일 노는 게 프리랜서 생활이라며 만화 같은 상상만 하고 있던 겁니다. 하지만 서운했습니다. 아내가 틀린 말을 하는 건 아닌데 프리랜서에 대한 환상에서 벗어나지 못하는 자신을 자꾸 확인하게 되니 애꿎은 아내가 미웠습니다.

아내는 차분하게 말을 이어갔습니다.

"내가 보기에 여보는 시간 관리를 잘 못해. 할 일이 있으면 항상 5분만, 10분만 이렇게 미루지. 그건 시스템이나 제재 없이 뭐든 스스로 일해야 하는 프리랜서로 사는 데 독이 돼. 정말 프리랜서가 하고 싶다면 그 자세를 고칠 수 있는지부터 생각해봐."

뜨끔하지만 틀린 게 없는 아내의 지적에 제 평소 모습을 돌이켜보게 됩니다.

"그리고 무엇보다 무슨 직업으로 프리랜서를 하고 싶은지 진지하게 고민해야지. 다 늙어 밥숟갈 들기 힘들 때까지 하고 싶은 일, 가끔 자신을 혹독하게 몰아가야 할 상황에서도 싫어지지 않을 일, 몇 달씩 일이 끊기더라도 성취감으로 버티며 포기하지 않을 그런 직업 말이야. 그 고민을 진지하게 해본 다음에 프리랜서를 계획해도 전혀 늦지 않아."

무작정 아내의 생활을 부러워하며 프리랜서가 되고 싶다던 저는 순간 몹시 부끄러워졌습니다. 그리고 아내의 말처럼 스스로 정말 오래도록 하고 싶은 직업, 프리랜서로 이뤄내고 싶은 일이 무엇인지 탐구하기 시작했습니다. 이런 제게 아내는 학업을 좀 더 이어가라고 권유하기도 하고, 문과 출신인 제게 이과 경험을 늘리기 위한 강좌를 들어보라며 제안하기도 했습니다. 그렇게 저는 세상에 많은 길이 있다는 것을 체감하며, 진정 원하는 일이 무엇인지 고민했고 지금도 고민하고 있습니다.

더불어 진로 고민만큼 중요한 건 아내의 일상을 이해하는 마음이었습니다. 아내의 노동을 가볍게 여기며 존중하는 자세가 부족한 제가 프리랜서가 되는 건 모순이라고 느꼈습니다. 지금은 가사를 공정하게 나누려 애쓰고, 아내가 많이 바쁠 땐 저의 없는 솜씨로 식사 준비도 합니다. 그럴 때마다 제가 맛있게 먹는 집밥이, 언제나 말끔했던 집 정돈이, 필요한 물품이 떨어지지 않게 구비해놓는 살림살이 모두가 일하는 틈틈이 쏟는 아내의 수고에서 빚어졌음을 새삼 느낍니다.

이런 과정이 있었지만 저는 여전히 프리랜서가 되고 싶습니다. 솔직히 말하자면 회사 다니기 싫은 마음이겠죠? 그런 의중을 비출 때 아내는 자신을 거울 삼아 저를 비춰줍니다. 여전히 철부지의 마음인지, 희미하게나마 새로운 길을 찾았는지, 스스로를 다잡아가며 홀로 일할 역량이 준비됐는지, 저를 비추는 거울로써 있는 그대로의 아내를 발견합니다.

이쯤에서 프리랜서 아내를 둔 남편의 꿈은 아무리 생각해도 '프리랜서'라고 말할 수밖에 없겠네요. 놀고 싶고 일하기 귀찮은 마음이 모두 사라지고, 스스로의 능력을 증명해내고 싶은 마음이 간절해질 때 그 꿈에 도전해야겠죠. 아직 갈 길이 멀지만 무작정 프리랜서를 하고 싶다고 조르던 때보다 지금의 제가 프리랜서에 조금 더 가까워졌다고 느낍니다.

대중교통 내 자리

가로세로
45cm면
충분하다

남들 다 있다는 면허가 나는 없다. 그래서 가끔 프리랜서 구인 공고에 '운전자 우대'가 적혀 있으면 조용히 포기한다. 이왕이면 내가 가진 재능이나 특징으로 우대받으며 일하고 싶은데, 운전을 못해 우대받지 못한다면 은근히 슬프지 않겠나.

프리랜서 중에는 자기 차량을 몰고 다니며 일하는 사람과 나처럼 대중교통을 이용해 이동하는 사람이 절반씩 되는 듯하다. 차를 몰고 다니면 취재지가 어디든 노트북이며 카메라며 잔짐을 들고 다니기 좋고, 대중교통이 발달하지 않은 지방취재를 갈 때 매우 유리하다. 차 시간을 기다리며 발 동동 구르지 않는다는 점도 장점일 것이다.

대중교통을 이용하면 지방취재 시 살짝 난감하다. 일단 기차나 고속버스로 해당 지방에 도착한다. 택시가 잘 다니는 지역이면 그나마 괜찮다. 하지만 택시가 잘 다니지 않고 버스는 하루에 손에 꼽히게 다니는 지역이면 지옥 같은 하루를 견뎌야 한다. 콜택시가 종종 있지만 출발지를 듣고는 "기사 배정이 되지 않았습니다."라는 거절 메시지를 받는 날이 숱하다. 이쯤이면 "제발 와주세요. 네?"라며 대롱대롱 매달리고 싶은데, 매달려도 소용없다. 언젠가 배정될 택시를 기다리며 하염없이 거리에 나앉을 수밖에.

택시가 잡히지 않으면 일단 근처 버스 정류장을 검색한다. 하루에 몇 대 오지 않는 버스지만 운명 같은 배차를 기다리며 다시 콜택시에 접선을 시도한다. 운이 좋으면 몇 대 오지 않는 그 버스를 타고 기차역이나 버스 터미널로 돌아가고, 혹은 자비심 가진 택시기사가 배정되면 안도의 숨을 내쉬며 택시를 타는 거다.

이렇게 기다릴 때 그 계절이 봄 혹은 가을이라면 해사한 계절의 얼굴을 만나느라 불만이 생길 틈이 없다. 한낮에 나 혼자, 어딘지 잘 모르는 타 지역의 어느 버스 정류장에서 계절을 만끽할 수 있는 경험은 흔치 않다. 귀하다. 어쩌다 운이 좋아 근처 꽃나무들이 번성했다면 그야말로 아름다운 운명이다. 차를 기다리며 꽃나무 길을 산책하고, 사진도 찍고, 떨어진 꽃송이를 가져온 책이나 지류 사이에 끼워 넣으며 순간을 기억하겠다, 약속한다.

꽃 대신 단풍도 마찬가지다. 꽃나무가 아니라도 뭐든 나무만 풍성하다면 가을철 풍요로운 단풍을 만끽할 수 있다. 특히 외진 지역의 나무들은 인위적인 가로수와 달리 매우 자연스럽게 성장한 모습이다. 가지치기로 대머리처럼 만들어 놓은 나무도 찾을 수 없다. 이런 곳에서 오래도록 자리를 굳건히 지킨 나무들이 가을에 자신의 머리를 물들인 모습이라니. 그 천연한 붉고 노란 빛깔은 그 날을 특별한 하루로 기억하게 한다. 이곳에 오길 잘했다며, 내가 자유로운 직업을 가져 정말 다행이라며, 이처럼 좋은 계절을 만나 행복하다며, 머릿속이 수다스러워진다.

이런 행운의 순간은 앞에서 말했다시피 봄과 가을에만 해당한다. 슬프지만 여름과 겨울에는 고통의 순간이다. 더운 여름, 특히 복날이 드문드문 낀 7월부터 8월에 지방취재를 나갔다가 차를 기다려야 하는 상황이 되면 정수리부터 분수처럼 쏟아지는 땀 때문에 곤욕을 치른다. 입고 나간 옷이 땀에 절어 물티슈처럼 수분을 충전할 때까지 차를 기다려야 한다. 취재지에서 에어컨 바람이 나왔다 한들, 결국 차를 기다리는 동안 고온다습한 우리나라의 여름을 실컷 체감하는 운명이다. 가끔 자비로운 취재원이 태워다주는 경우도 있지만, 일정상 시간이 안 맞으면 고사해야 한다. 그래서 여름이나 겨울에 지방취재 시 태워준다는 취재원이 있으면 앞뒤 잴 것 없이 감사하다며 신속하게 차에 오른다.

그런 다음 기차역이나 고속터미널에서 집 근처로 가는 대중교통을 타면 물티슈처럼 땀에 폭삭 절은 내 옷들이 활개를 치고 냄새를 뿜어댄다. 옆자리 사람들에게 얼마나 미안한지 모른다. 언젠가 지방에 다녀오던 날 버스 옆자리에 앉은 여성분이 작은 목소리로 "어디서 땀 냄새가 이렇게 나…"라며 원인이 어디에 있나 찾는 듯이 주위를 두리번거렸다. 설마 옆자리에 앉은 젊은 여성인 내가, 깔끔을 떨고도 남아 보이는 내가 땀을 그리 흘렸을 거라 상상조차 못 한 것이다. 사실 나는 땀이 굉장히 많다. 그래서 이런 민망한 일을 종종 겪곤 하지만 차마 솔직하게 "접니다. 저요! 이 냄새 제 겁니다!"라고 할 수 없어서 조용히 차창만 바라보며 집에 돌아온 적이 많다.

겨울도 만만치 않다. 그래도 여름보다 겨울이 낫긴 하다. 땀이 많고 더위를 지나치게 타는 체질이라 그저 겨울이 덜 고될 뿐이다. 12월 취재는 양반이다. 진짜 지독하게 추운 1월과 2월, 지방취재 후 돌아오는 길 위에서 나는 병자호란 속 남한산성을 떠올린다. 인조는 추운 겨울, 길을 걸어 삼전도로 갔다지. 그 굴욕과 추위의 겨울을 나는 1월과 2월 지방취재에서 겪는다. 그래서 혹독한 겨울이 오기 전 나름의 준비물을 마련한다. 바로 '핫팩'이다.

겨울철 취재 나갈 때 핫팩 없이 감히 어딜 쏘다닐 겐가. 등에 두 쪽, 배에 한 쪽 이렇게 세 개는 붙이고 한두 개는 여분으로 가방에 넣어 간다. 외부취재 나갈 땐 핫팩이 정말 제 몫을 제대로 해낸다. 특히 외부에서 촬영까지 있는 날이면 파카 속 핫팩들이 제 한 몸 불살라 나를 데워주는 통에 그나마 살 것 같다.

마찬가지로 겨울이면 취재를 마치고 돌아갈 때 취재원이 태워준다는 말이 나오자마자 얼씨구나 차에 오른다. 사정이 안 되면 버스 정류장으로 나가 콜택시를 부르며 혹여나 버스가 올까 먼발치를 바라본다. 운이 좋아 버스가 오거나 콜택시가 잡혀 금방 차에 타면 차갑게 얼어 건드리기만 해도 와장창 깨질 것 같던 손과 발이 살살 녹는다. 그리고 부끄러우니 운전기사를 향해 속으로만 크게 외친다.

'살려주셔서 감사합니다!'

대중교통이 불편한 지역으로 취재를 나갈 땐 이런 고단함과 즐거움이 범벅되어 있지만, 나는 대체로 대중교통을 이용해 다니는 것을 좋아한다. 일단 대중교통 속 내 한 자리를 차지하면 충분히 행복해지니 말이다. 그게 무슨 행복이냐고 할지 모르지만, 나는 대중교통에 무사히 오른 뒤 한 자리 차지하고 나면 그곳이 온전히 내 세상이라 느낀다. 가로와 세로가 약 45cm 정도 되는 기차나 버스의 좌석, 혹은 전철의 한 자리에서 하고 싶은 것을 마음껏 하고 휴식도 취한다.

자리가 좁으니 거나한 취미활동을 할 순 없어도 핸드폰으로 밀린 드라마나 영화를 보는 것, 또 온라인 쇼핑몰에 들어가 반찬거리나 식재료 장을 보기도 한다. 열심히 일한 대가로 낮잠을 자는 것 역시 이곳에서 일어나는 일이다. 내가 대중교통에서 잠을 잔다고 뭐라 할 사람 하나 없이 그저 내릴 곳을 지나칠 염려에 알람 하나 눌러놓고 숙면을 취한다. 처음 기자생활을 할 때는 대중교통에서 자는 게 참 불편했는데, 세월이 지나고 몸에 인이 박여서인지 이제는 머리만 기대면 쿨쿨 잘도 잔다. 얼마나 잘 자는지 꿈도 곧잘 꾸고, 내릴 무렵 울리는 진동 알람에는 또 귀신같이 일어난다.

잠을 자거나 소일거리를 하는 것도 좋지만 역시 대중교통에 앉아 있으면 창밖으로 떠다니는 계절감을 정말 마음 놓고 관람할 수 있다는 점이 으뜸이다. 전국을 누비며 살아보지 않는 이상 우리는 철로 위에서 바라보는 그 많은 풍경을, 그 수많은 지역의 풍광을 마음 놓고 몇 시간씩 바라볼 수 있을까? 그렇게 차창에 흐르는 풍경 속 사계는 단 한 번도 나를 실망시키지 않았다. 그지없이 아름다웠다. 봄이면 봄대로 해사하고, 여름이면 짙은 녹음이 감싼다. 가을이면 넉넉한 햇살과 단풍이 넘치고, 겨울이면 절제된 생명력과 차분함이 흩어져 있다. 비가 오는 날이면 온 세상이 어둡고 축축한 가운데 안도감을 느끼고, 눈이 오면 환상적인 구경거리가 가득하다. 햇살이 쨍한 날이면 어쩐지 일이 잘 풀릴 것 같은, 좋은 일이 벌어질 것 같은 긍정적인 계절감이 눈에 담긴다.

　그래서 대중교통에서 한 자리 차지하고 몇 시간을 이동해 취재를 다니는 순간이 지루하거나 고되지만은 않다. 물론 몸이 지쳐 피곤하거나 서서 가는 날의 고역도 있지만, 대체로 즐겁고 아름다웠다. 그저 어딘가에 내 몸 하나 얹어두고 세상 구경을 하는 이 순간 덕분에 자유로운 내 직업이 사랑스러워진다. 결코 내 소유가 아니지만 대중교통 속 한 자리가 소중한 이유다.

건강해야 오래 쓴다

프리랜서로
살기 위해
건강을 사수한다

한숨 푹 자고 일어났더니 아침 9시다. 시계를 보자마자 깜짝 놀랐다가 오늘은 취재가 없단 생각이 들자 마음이 다시 노곤해진다. 계산해보니 꼬박 12시간을 잤다. 어지간히 피곤했던 모양이다.

어제는 새벽 5시에 일어나 준비하고 취재를 나갔다. 서울에서 함께 촬영 가기로 한 스텝과 차를 타고 경기도 외곽의 어느 행사장에 도착했다. 행사 시작 전에 관계자와 인사도 나눠야 하니 서둘러 가야 했다. 취재는 3시간 안팎이지만, 이동시간이 왕복 6시간이었다. 운전까지 맡아준 스텝에게 미안해서 차 안에서 편히 잠을 자면 안 되는 입장이었다. 그럼에도 중간에 깜빡 조는 바람에 황급히 사과는 했다만.

어쨌든 이날 점심식사 때를 조금 넘긴 오후 3시경 집에 돌아왔다. 다른 클라이언트의 급한 수정 요청이 있어 식사에 시간을 들이긴 싫었고, 냉동실에 넣어둔 슈크림 하나를 꺼내 커피와 함께 간단히 먹었다. 그리고 남은 커피를 마시며 컴퓨터 앞에 앉아 원고를 살펴보는데 입 안 가득 졸음이 빠지지 않았다. 너무 졸리면 발음과 턱의 움직임이 어눌해진다고 느끼는데, 바로 이 순간이었다.

그래도 마감을 지키고 싶어 부득부득 원고 수정을 마쳤다. 오후 6시였다. 배고픔이 거세게 몰려왔다. 집에서 나가기 전 새벽 6시경 냉동 볶음밥을 한 그릇 데워 먹고, 오후 늦게 슈크림 한 개와 커피를 먹은 게 전부였으니 허기가 지고도 남았다. 이때 살짝 고민했던 것 같다.

'그냥 잘까, 뭘 먹을까?'

하지만 이 시간에 자면 애매하게 오밤중에 깨서 아침까지 못 잘 것이 뻔했다. 뭐라도 먹자고 자신을 부추기며 주방으로 가 냉장고를 열었다. 설마 했지만 냉장고 속이 아주 가관이다. 주말에 여행을 다녀오느라 장 볼 틈이 없었다. 남편은 장기 출장 중이었고 나 역시 지난주 내내 외부일정을 소화하느라 집에서 식사를 거의 못 한 상태였다. 냉장고에는 달걀 몇 개와 피클, 우유와 맥주, 양파가 있었고, 하물며 김치도 똑 떨어진 상태였다.

다행히 냉동고에는 허기를 구제할 무언가가 있었다. 바로 냉동 밥과 카레. 외부일정이 잡히기 전 주에 카레를 만들고 밥을 지어 냉동실에 소분해 넣어두고 배고플 때 하나씩 꺼내 먹곤 했는데 다행히 딱 한 개씩 남아 있던 것이다. 전자레인지에 슥슥 데워 카레밥을 먹었다. 똑 떨어진 김치가 아쉬웠지만 다른 메뉴를 찾아 만들기엔 배가 너무 고팠다.

그렇게 밥을 먹고 씻고 어질러진 집을 치우고 빨래를 돌렸다. 얼추 소화가 되었을 무렵인 밤 9시경 나는 침대에 쓰러졌고, 내리 12시간을 잔 것이다. 잠이 드는 순간 어렴풋이 그런 생각이 들긴 했다.

'이렇게 살다간 온몸이 고장 나겠지….'

비정기적 일정을 소화하는 프리랜서라면 정말이지 마감과 수면시간이 건강을 좌우한다고 할 만하다. 클라이언트는 본인이 의뢰한 일정만 보면 되지만 의뢰를 받는 입장은 여러 일정을 동시에 진행하기 때문에 빈틈이 별로 없다. 한창 바쁠 때는 평일 5일 내내 아침부터 밤까지 취재를 나갔다. 5일간의 클라이언트도 각기 달랐다. 아마 클라이언트 입장에서는 월요일에 취재를 다녀간 작가가 금요일까지 초고를 주지 않으면 의아할 것이다. 수요일에 취재를 나가면 클라이언트는 적어도 그 다음 주 월요일엔 초고를 보고 싶을 것이다. 그 당연한 마음을 최대한 헤아리는 게 작가의 숙명이다.

한창 바쁠 때는 월요일에 취재를 다녀와서 밤까지 초안을 써서 보내고, 화요일에 취재를 다녀와서 또 밤까지 써서 보내고, 수요일이나 목요일 중에 수정 요청이 들어온다면 나머지 취재분은 초고 보내는 날을 하루씩 미루다가 주말 내내 글을 써서 보내곤 했다.

그렇게 두 달쯤 보낸 적 있는데 내내 집에서 빵이나 포장음식을 먹었다. 하루 4시간 정도 잤기 때문에 늘 수면이 부족했고, 당연히 운동을 못 했다. 그래서 바쁜 일정을 모두 마치고 일주일 정도는 집에 틀어박혀 멍하니 시간을 보냈다. 해가 뜨면 일어나서 하루 세 번의 밥을 챙기고, 졸리면 언제든 자는 그 평범한 패턴을 즐기며 재충전에만 힘쓴 일주일이었다.

마감과 수면시간 못지않게 중요한 건 식사다. 프리랜서로 전환한 초반에는 시리얼과 빵을 먹고 대충 넘기는 날이 많아 속이 늘 더부룩했다. 더는 안 되겠다 싶어서 먹고 싶은 것을 직접 만들어 먹기 시작했지만, 바쁘면 아무래도 손이 가는 게 빵이었다. 빵에 질리면 요리에 시간을 쓰느니 포장음식이나 레토르트식품을 먹게 마련이다.

'바쁠 때만 이렇게 먹고, 좀 나아지면 잘 챙겨 먹어야지.'

이런 생각을 한다 해도 바쁨의 순간이 쭉쭉 늘어지기도 하고, 요리할 짬이 나도 에너지가 방전되면 손가락 하나 까딱할 수 없다. 수면도 수면이지만 영양가 없는 식사가 건강에 빈틈을 만드는 주인공이란 생각이 든다.

오래전 신문사에 다닐 때 지방취재를 숱하게 다녔다. 당시 기차 탈 일이 많았는데, 한번은 친한 선배가 내게 자신만 아는 비밀인 듯 한 가지 정보를 알려줬다.

"너 서울에 있는 ○○○○ 중에 햄버거 제일 맛있는 매장이 어딘 줄 아냐?"

"어딘데요?"

"서울역 안에 있는 매장이야. 거기는 항상 사람이 많아서 회전율이 엄청나지. 재료도 대량으로 자주 주문할 테고. 그래서 양상추가 항상 아삭해. 같은 메뉴라도 다른 매장에 비해 좀 더 신선하고 따끈한 맛이랄까?"

며칠 후 기차를 타야 했던 나는 선배의 조언에 따라 그 매장에서 치킨버거를 주문해 먹었다. 과연 양상추가 아삭했다. 비에 젖은 수건처럼 축 처지는 다른 매장의 양상추에 비할 것이 아니었다. 맛있게 버거를 먹다가 문득 그런 생각이 들었다.

'선배는 대체 얼마나 많은 패스트푸드를 먹었기에 그런 깨달음을 얻은 거야?'

버거를 먹다가 헛웃음이 나왔다. 맛있는 한 끼 대신 빠른 한 끼를 선택해야 했던 직업의 숙명이 내 손에 들린 버거에도 담겨 있었다. 그날의 나는 점심 한 끼라도 영양가 있고 맛있게 먹자고 다짐했지만, 세월이 훌쩍 흐른 지금도 텅 빈 허기를 '때우는' 나를 목격한다.

자유롭게 일하고, 자신을 잃지 말자며 시작한 프리랜서 생활이지만 의지와 다르게 흘러가는 일정에 쪼여 허덕이고 만다. 그럴 때면 잠을 줄이고 식사를 대충 때우는 바람에 건강에 녹스는 느낌이 역력하다.

이럴 땐 '쓰는 삶'을 지키고 싶었던 마음의 한 조각을 떼어내 건강에게 내밀어야 함을 알고 있다. 오래도록 쓰면서 살고 싶다면 지금 이 조급한 행동을 멈추라며, 녹슨 부위를 살펴야 하는 것이다. 또 정규직이 2년마다 받는 건강검진을 프리랜서는 받을 수 없으니 국가에서 제공하는 검진과 정밀검사를 자발적으로 받는 것도 삐걱대는 몸의 녹을 멈추는 역할을 한다.

12시간을 자고 일어난 오늘은 늦은 아침으로 그래놀라에 저지방 우유를 곁들였다. 식사 후 집을 정돈하고 클라이언트의 수정 요청에 맞춰 원고를 손봤다. 점심으로는 사골 우거지국에 밥 한 공기를 든든히 말아 먹었다. 모처럼 여유로운 날이니 오늘은 오후 5시쯤 업무를 마치고 헬스 자전거 위에서 유산소 운동도 해야겠다. 마음이 헛헛해지는 저녁에는 읽고 싶었던 책을 읽으며 나를 다독이는 시간도 마련할 생각이다. 건강한 몸과 마음이 건강한 프리랜서 생활을 지탱할 것을 안다. 좋아하는 것을 잃지 않으려면 지켜내야 하는 것들이 분명 있다.

소중한 노동값

임금 체불이
당연하면
안 된다는 사실

가끔 이런 질문을 받는다.

"프리랜서로 일하면 불안하지 않아?"

자유롭게 일하려면 얼마간의 불편과 인내가 필요할 수는 있겠다만, 나는 '프리랜서'라는 업무방식에 크게 불안을 느껴본 적이 없다. 아마 그런 질문은 프리랜서들에게 흔히 발생한다는 '임금 체불'에 대한 호기심에서 비롯되었으리라. 하지만 내가 감히 의견을 드러내자면, 이런 질문은 다소 무례하게 느껴질 수 있으니 궁금해 미칠 것 같지 않은 이상 안 하는 편이 좋다. 상대의 직업이 가진 약점을 대놓고 시인하라는 질문에 불과하니 말이다.

어쨌든 나는 프리랜서란 이유로 임금 체불의 조건에 놓여 있다고 생각지 않았다. 오히려 임금 체불을 지독하게 경험한 것은 정규직으로 일할 때였다. 받아내는 과정도 무수히 지독했던 그 시절을 어찌 잊을 수 있을까. 그때를 생각하면 프로젝트마다 계약서를 쓰고 일하는 프리랜서 생활이 오히려 편안하게 다가올 뿐이다.

그럼에도 나 역시 프리랜서를 시작한 이후 임금 체불의 불안이 다가온 적이 몇 번 있다. 정부 산하 연구기관의 소식지 작업을 위해 취재와 집필을 할 때였다. 그날의 섭외는 초여름의 어느 저녁, 의심스러울 정도로 급하게 들어왔다. 식사를 마치고 설거지를 하던 차에 모르는 번호로 전화가 걸려왔다.

"여기는 A라는 기업인데요. 이력서를 보고 전화 드렸어요."

구직사이트에 올려놓은 내 이력서를 보고 전화했다는 그 기업의 이름을 전화로 처음 건네받았다. 모르는 회사 이름을 들은 동시에 시계를 보니 이미 시간은 저녁 9시에 가까워지고 있었다.

'얼마나 급하면 섭외 전화를 이 시간에 하는 거지?'

A기업에서 팀장을 맡고 있다는 담당자는 인사를 주고받은 동시에 즉시 용건을 꺼내 또 나를 놀라게 했다.

"저희가 어느 기관의 소식지를 맡고 있는데 바로 취재 가능할까요?"

"아, 저는 지금 A기업의 이름도 처음 들었고, 아직 아는 바가 없어서 바로 확답을 드리자니 당황스러워서요. 제가 생각할 시간을 가져도 될까요?"

"저희 회사 이상한 곳 아니에요. 첫 통화를 이렇게 늦은 시간에 드린 게 실례인 건 아는데 정말 급해서 그래요. 일단 취재 응해주시면 안 될까요?"

혹시 내 이력서에 '거절 못하는 사람'의 기운이 암호화되어 있는 건 아닐까? 상대의 다급한 목소리와 나의 거절 못하는 성미가 콤비를 이뤄 어정쩡하게 전화기를 붙들고 있었다. 우물쭈물하는 내게 담당자는 마지막 한 방을 날렸다.

"저는 출산휴가가 끝나지도 않았는데 나왔어요. 회사가 너무 긴급히 돌아가서 애 낳은 지 얼마 안 됐는데도 나와서 이렇게 야근을 하고 있네요. 제가 그만큼 열의를 갖고 일하는 회사라는 점을 봐서라도 취재에 응해주시면 안 될까요?"

다시 한번 고개를 들어 시계를 봤다. 시계 바늘이 9시 10분 언저리를 엉금엉금 지나고 있었다. 아기를 낳은 지 얼마 안 된 여성이 출산휴가를 채우지도 못하고 사무실에 나와 일을 처리한다. 낳은 지 얼마 되지도 않은 신생아가 눈에 밟혀 일이 제대로 되긴 할까. 정해진 날짜에 소식지가 나와야 하는데 기자 섭외가 안 되어 발을 동동 구른다. 밤 9시가 넘은 시간이지만 실례를 무릅쓰고 전화기 버튼을 누를 때, 혹시 눈을 질끈 감지는 않았을까. 저녁은 먹었을까.

여기까지 생각이 닿자 나는 기어들어가는 목소리로 우유부단한 답을 하고 말았다.

"일단 만나서 업무 내용을 자세히 들은 다음에 취재 나가고 싶어요."

"그럼 취재하시는 거죠? 수락하신 거 맞죠? 그럼 내일 사무실에서 봬요!"

의심스러운 제안을 반쯤 수락한 상태로 다음 날 A기업의 사무실로 찾아갔다. 낯선 공간에 직원들은 모두 외근을 나갔는지 인기척이 거의 느껴지지 않았고, 무더운 날씨에도 불구하고 에어컨과 형광등은 모두 꺼져 있었다. 잘못 찾아온 게 아닌지 다시 문밖에 나가 명패를 확인하며 두리번거렸다. 그제야 구석진 자리에서 땀이 송골송골 맺힌 채 앉아 있는 담당자의 얼굴이 보였다.

정말 아이를 낳은 지 얼마 안 되어서 에어컨 바람이 걱정된 건지, 회사의 주머니 사정을 걱정해 혼자 있을 때는 전기제품을 모조리 끈 건지 담당자는 컴퓨터 하나만 달랑 켜놓고 땀을 뻘뻘 흘리며 일하고 있었다. 사무실 입구에서 어물대는 나를 발견한 담당자는 달려나와 인사를 건넸다.

이윽고 어색함이 감도는 가운데 담당자와 회의실 테이블에 마주 앉았다. 담당자는 취재가 필요한 소식지의 내용과 클라이언트를 간략히 소개한 뒤 계약서를 내밀었다. 프리랜서들이 체결하는 보통의 용역계약서였는데, 찜찜한 구석 하나를 발견했다. A기업이 내게 고료를 지급하는 날짜 칸이 비어 있던 것이다. 내 눈길을 읽었는지 담당자가 급히 설명했다.

"저희가 기관의 소식지를 만들고 납품해서 최종 확인을 받아야 결제가 되고, 그 돈으로 고료를 지급하는 방식이라 날짜를 정확히 기재할 수 없어요. 날짜를 짐작해서 썼다가 어기면 문제가 커지니까요. 저희 이상한 업체 아니니까 믿고 진행해주시면 안 될까요?"

계약서에 고료 지급일이 정확히 기재되지 않는다면 그 계약서가 무슨 소용이 있을까? 거래 당사자 간의 이해관계에 법적 효력을 가미하기 위해 쓰는 계약서에 핵심인 '돈 받는 날'이 빠진다면 계약서는 사실 휴지 조각이나 다름없다.

문제는 출산휴가조차 채우지 못하고 나온 담당자의 간곡한 얼굴이었다. 화장기 없는 맨 얼굴엔 땀에 절은 머리카락이 달라붙어 있었고, 그 위에 얹은 두꺼운 안경이 없다면 모니터 속 글자가 잘 보이지 않을듯했다. "아이 낳고 바람을 쐬면 뼈마디에 바람 든다."라고 전해지는 풍속 때문인지 그녀가 입고 있던 벽돌색 티셔츠 언저리는 땀에 젖어 얼룩져 있었다.

그 간곡한 얼굴과, 밀려오는 더위와, 안쓰러움에 떠밀려 나는 휴지 조각 못지않은 계약서에 서명을 하고 말았다. 그리고 바로 다음 날부터 한 달 가까이 지방 곳곳을 누비며 취재를 다녔다. 일 자체는 어렵지 않았는데 취재지가 모두 한갓진 바닷가에 있어 이동하는 수고와 시간이 상당했다. 취재를 모두 마치고 고료를 계산하니 수백만 원이었다. 그리

고 슬픈 예감은 틀린 적이 없다는 노랫말처럼 고료의 입금
은 약속한 날짜에서 늦어지고 있었다.

납품을 마치고 일주일 이내에 입금해준다는 말에서 시작
해 한 주만 더 기다려달라, 사정이 있다, 우리도 노력하고 있
다는 말로 이어지는 해괴한 대응방식을 지켜봤다. 그러나
애초에 약속한 날짜에서 두 달이 지나도록 입금이 되지 않
았다. 함께 일하는 업체들 중에는 수금이 원활하지 못해 입
금이 며칠 늦어지는 경우가 있긴 했지만, 몇 달씩 늦어진 적
은 없었다. 게다가 그토록 간곡히 부탁했던 담당자는 입금
으로 문의할 때마다 귀찮다는 심기를 드러냈다. 급기야 내
연락을 피하기 시작했다.

'돈 이야기 말고 일 이야기만 하면서 지낼 수 있었다면 참
좋았으련만.'

돈에 관해서는 주는 입장이나 받는 입장이나 언급하고 싶
지 않기는 매한가지다. 정말 피하고 싶었던 방법이지만 나
는 매일 아침 담당자에게 입금을 독촉하는 메시지를 보내는
방법을 택했다. 당연히 받아야 할 보수를 요구하면서도 내
마음은 착잡했고, 더운 사무실에서 메시지를 보며 한숨 쉴

담당자의 얼굴이 겹쳐졌다.

그렇게 한 달 가까이 메시지를 보낸 뒤 조금씩 쪼개가며 돈을 받을 수 있었다. 약속된 날짜에서 수개월이 지나 전액을 모두 받을 수 있었지만, 그 과정에서 받은 스트레스를 생각하면 오히려 손해 본 느낌이었다. 전액의 고료를 모두 받은 날, 내 연락을 피하던 담당자로부터 메시지를 받았다.

"저희가 원래 이런 회사가 아니에요. 어쩌다 이렇게 되었지만 작가님 오해 없으셨으면 해요. 그러니 다음에 또 기회가 된다면 저희와 함께 일해주셨으면 합니다."

하! 원래 이런 회사가 아니라는 말에 육성으로 감탄사가 터졌다. '내가 원래 이런 ○○ 아니다'야말로 세상에서 믿으면 안 될 말 중 으뜸 아니었던가? 그렇게 몇 달간 신경전을 벌여놓고 이런 메시지를 보내다니 기가 찼다. 입금이 미뤄지는 동안 받은 내 상처와 불안은 안중에도 없는 모양이었다. 그러면서도 담당자를 온전히 미워할 수 없었다. 담당자 역시 일개 직원이자 노동자라는 생각이 떠나지 않아서였다. 휴지 조각과 같은 계약서에 서명한 나의 방심도 탓해야 했다. 물론 이후 함께 일은 하지 않았다.

이제라도 이 일을 털어놓을 수 있는 건 늦게나마 고료를

입금이 미뤄지는 동안 받은 내 상처와 불안은
안중에도 없는 모양이었다. 그러면서도 담당자를
온전히 미워할 수 없었다. 담당자 역시 일개 직원이자
노동자라는 생각이 떠나지 않아서였다.

모두 받아서다. 끝내 받아내지 못했다면 배신감과 억울함에 사로잡혀 말 한마디 꺼내기 어려웠을 일이다. 전액을 모두 받았고 시간의 풍화가 속상함을 조금씩 깎아낸 지금에야 털어놓는 게 가능해졌다.

단돈 만 원이라 하더라도 떼여서 괜찮은 노동의 값은 없다. 부동산 투기를 했다가 수익이 조금 깎여도 이렇게 분하지 않을 것이고, 고가의 물건을 샀는데 다음 날 파격세일이 열려 싸게 판다 해도 이보다 억울하지는 않을 것이다. 노동의 값은 그만큼 소중하다.

오래전 정규직으로 일한 곳에서 6개월간 임금 체불을 당하고 결국 사직서를 냈을 때도 마음이 다쳤다. 세월이 흘렀지만 노동의 값을 소중히 여기지 않는 타인에게 상처받는 입장은 그때나 지금이나 달라지지 않았음에, 나는 그저 약자일 뿐이다. 돈을 주기로 한 날을 미루면 미루는 대로, 안 주면 안 주는 대로 받아들이라며 폭력적으로 구는 이들 앞에 속수무책 당하는 대표주자가 프리랜서라면 이 세상은 잘못되어도 너무나 잘못된 게 맞다.

그렇다면 이 시점에서 주변 사람들의 질문에 대답을 해보겠다. 프리랜서 생활이 불안하지 않느냐고? 프리랜서는 불안하지 않다. 믿고 일한 사람의 노동값을 허투루 아는 누군가의 양심과 도덕이 불안한 거다. 그렇게 악독한 짓을 벌이고도 얼마 지나 또다시 사업체를 만들고, 무언가 일을 벌여 다시금 피해자를 생산하는 그들이 불안하다. 그들이 신분세탁이라도 하듯 멀끔하게 올려놓는 구인공고가 불안한 거다. 마감 한 번 어기지 않고 성실하게 일한 내 프리랜서 생활은 결코 불안하다고 말할 수 없다.

정말 미안했습니다

돌려받지 못한 돈보다
돌려받지 못한 신뢰가
아팠다

다정한 기억의 유효기간은 얼마나 될까? 다정한 이의 얼굴이 흐릿해지는 어느 날, 혹은 목소리나 이름도 가물가물한 날이 오더라도 다정했던 온도만큼은 생에서 결코 지워지지 않을 거라 아직은 믿는다.

프리랜서로 일하며 만난 업무 담당자 대부분은 다정하고 선량했으며, 유쾌한 분위기가 있었다. 업무시간이 아니라면 그들과 친구로 지낼 수 있다고 늘 생각해왔다. 그중에서도 A기업의 담당자에게는 한 번씩 녹초가 되는 나를 책상에 끌어 앉히는 힘이 있었다.

A기업은 정부 산하 기관의 온라인 콘텐츠 사업을 진행하는 업체였다. 고료가 높은 편은 아니었지만 추구하는 콘텐츠 형식이 흥미로웠다. 구직사이트에서 지원 후 연락을 받아 미팅을 하러 A기업의 사무실에 방문했다. 프로젝트 담당자(PM)가 프로젝트 개요와 주의사항 등을 설명하고 계약서를 내밀었다. 하얀 종이에 인쇄된 계약 내용을 읽던 중 나보다 조금 연배가 높아 보이는 한 남성이 회의실로 쑥 들어왔다. 그리고 첫 대면에 눈가에 주름이 지도록 환하게 웃으며 자기소개를 했다.

"제가 앞으로 여기 계신 작가님들과 일을 진행할 담당자입니다. 프로젝트는 여기 계신 PM이 총괄하지만, 여러분이 만들게 될 글과 콘텐츠는 저와 조율하고 다듬게 될 거예요."

한때 사람 보는 눈이 좋다고 자부했던 나는 한눈에 그 담당자의 선량함을 읽었다. 첫인상은 적중했고, 다음 날부터 나와 담당자는 즐거움을 주거니 받거니 하며 함께 일했다.

업무는 내가 기획안을 제출하고, 그에 맞게 원고를 작성해 보내면 담당자가 꼼꼼히 검수한 다음 매체에 업로드하는 방식이었다. 이때 담당자는 교정 수준의 검수뿐만이 아니라 제출한 원고 분량에 버금가는 정성스러운 리뷰를 전해왔다. 원고를 읽으며 떠올린 자신의 경험, 기억에 남는 순간, 글이 주는 메시지와 깨달음까지. 업무로 대면하는 관계에서 검수만 잘 마치면 그만일 모든 글에 그는 정성스러운 답변과 리뷰, 아낌없는 칭찬을 실어 보냈다. 또 매번 따뜻하게 묻는 안부까지.

무엇보다 그는 내 글을 읽으며 진실로 즐거워하는 게 느껴졌다. 그는 작가들의 글을 일의 재료 정도로만 보는 게 아니라 생명력 있는 글로서 존중했다. 그렇다고 그 담당자가 업무시간을 낭비하거나 하릴없이 리뷰를 쓰는 것으로 보이진 않았다. 그가 메일을 보내는 시간은 주로 늦은 밤이었는데, 간혹 적어 보내는 안부 속에는 집에서 원고를 읽었다거나 아내와 가족의 이야기가 더러 등장했다. 회사에서는 반드시 마쳐야 할 본 업무를 진행하고 작가들의 원고를 꼼꼼히 읽고 리뷰하는 업무는 집으로 가져와 한다는 것을 짐작할 수 있었다.

한여름 취재와 마감이 겹쳐 일어날 힘조차 없을 때, A기업의 담당자로부터 늦은 밤 리뷰 메일이 오면 부쩍 힘이 났다. 그의 메일은 나로 하여금 마감을 하루쯤 미루고 싶게 만드는 피로를 툭툭 털고 책상에 앉게 만들었다. 작가의 삶에서 빗겨갈 수 없는 노역, 그 힘겨움을 보람과 성취감으로 밀어내는 데 그의 리뷰는 진정한 응원이었다.

그래서 기획안과 원고를 발송하고 리뷰와 업로드 결과를 주고받는 과정에서 항상 즐거운 교류가 이어졌다. 진심 어린 담당자의 태도 덕에 나는 클라이언트 중 A기업을 가장 우선순위로 여겼고, 해가 지나 새로 프로젝트가 시작되고 다시 제안이 들어왔을 때 흔쾌히 수락했다.

그렇게 2년째 함께한 가운데 프로젝트 막바지가 다가올 무렵이었다. 조금씩 이상한 징조가 보였다. 일단 담당자가 메일로 작별 인사를 보낸 것이다.

"내년에는 제가 이 업무를 담당할지, 이 회사에 남아 있을지 장담할 수 없지만 감사 인사를 꼭 전하고 싶었습니다."

서운하지만 사정을 캐물을 수 없었다. 아무리 친하게 지냈다 한들, 개인사를 시시콜콜 묻는 건 예의도 아니거니와 좋은 일로 퇴사한다면 먼저 말을 꺼냈을 거란 생각에서였다. 나는 아쉬움을 가득 담아 답장을 보냈다.

이상한 징조는 계속되었다. 2년을 함께 일하는 동안 고료가 밀리거나 실수한 적이 없던 A기업이 웬일로 미리 상의도 없이 고료 입금을 하지 않은 거였다.

'이런 적이 없었는데, 별일이네. 무슨 안 좋은 일이라도 있나?'

이때만 해도 별 걱정이 없었다. 며칠 후 공지를 받았다. 법인을 이전하는 과정에서 고료가 한 달 늦게 지급될 거라는 이야기였다. 한 달쯤 기다려서 안 될 일도 없었다. 2년간 같이 일한 사이에 야박하게 굴고 싶지 않았다. 그렇게 한 달을 기다렸고, 다시 슬픈 예감이 틀린 적 없기에 입금은 되지 않았다.

여기에 기가 막히는 소식도 도착했다. 회사가 망했으니 고료를 줄 수 없다는 거였다. 내 눈을 의심하며 그 메시지를 읽은 다음 집에 돌아와 계약서부터 찾았다. 2년 차 믿음으로 쓴 계약서에는 고료 지급일이 적혀 있지 않았다. 그저 저작권에 대한 계약사항만 가득했다. 1년을 탈 없이 일한 덕에 2년 차 계약서를 딱히 신경 쓰지 않고 서명한 나의 무심함이 부메랑으로 돌아왔다. 그토록 다정하게 잘 지내던 A기업이였기에 어떻게 대처해야 할지 갈피가 잡히지 않았다. 일단 A기업에 전화를 걸었다.

"어제 메시지를 받았는데요. 갑자기 법인이 없어진다며 고료를 안 주신다니 당황스러워서요."

속상한 마음을 꾹꾹 눌러 말을 꺼냈건만, 전화를 받은 직원은 오히려 뻔뻔하게 대응했다.

"저희도 힘들어서 그래요. 회사가 어려워서."

"회사가 어려우면 믿고 일한 작가의 고료는 안 줘도 되는 건가요? 어쩜 사과 한마디 없이 고료를 못 준다고 통보만 할 수 있죠?"

"사과를 누가 해야 되는데요? 우리도 힘들다니까요?"

미안함이라고는 눈 씻고 찾아도 없는 뻔뻔한 A기업의 태도와 부실한 계약서는 아귀가 잘 맞아떨어졌고, 나는 시원한 답 없이 전화를 끊어야 했다. 프리랜서 생활 3년이 넘어가던 차에 처음 발생한 체불 상황이었다.

며칠 밤을 뒤척였다. 다행일지 모르지만 못 받은 금액은 그리 크지 않았다. 그런데 수백만 원의 고료를 못 받아 마음고생할 때보다 이날이 더 아팠다. 아마 즐겁게 글을 쓰던 추억과 도란도란 업무를 이어가던 따뜻한 시간들이 휘발되었기 때문이리라.

자그마치 2년이었다. 2개월도, 2주도 아닌 2년간 살가운 동료처럼 일하던 순간들이 빛을 바랬다. 다정했던 시간과 내 몸을 갈아 모으듯 써내려간 글의 값이 순식간에 휘발되는 경험은 프리랜서 생활을 휘청하게 하는 데 충분했다. 사과 한마디 못 받은 채 상처만 덩그러니 남은 최악의 상황을 만난 것이다.

프리랜서는 고용계약서가 아닌 용역계약서를 쓰고 일하기 때문에 고용노동부를 통해 남은 고료를 받을 수 없었고, 경찰에 신고하는 건 더욱 내키지 않았다. 합법적 절차로 잔금을 받을 길은 없었고, 뒤틀린 관계를 바로잡을 길은 더더욱 없었다.

곧 겨울이 시작되었고, 해가 바뀌고 명절을 지내는 몇 달 사이에 문득문득 공허가 찾아왔다.

'열심히 일하고, 즐겁게 지낸다 한들 그 모든 게 유효하구나.'

그렇게 텅 빈 마음과 닮은꼴의 한파가 반복되던 늦겨울, 낯선 번호로 전화가 걸려왔다.

"누구세요?"

"안녕하세요. 저… A기업에서 프로젝트를 진행했던 PM

○○○입니다."

"네…."

"지금 A기업은 파산 상태고요. 직원들도 밀린 월급을 아직 못 받았어요. 그렇다고 저희를 믿고 일해주신 작가님들 고료를 못 드리는 게 너무 죄송해서요. 그곳에서 나온 직원들이 조금씩 돈을 모았습니다. 곧 입금해드리려고요. 이렇게라도 도의적 책임을 지고 싶어요. 솔직히 작가님들이 기업의 이름보다 저희 실무진들 얼굴 보고 일해주신 것 잘 알고 있습니다."

"…."

"그리고 작가님."

"네?"

"정말, 정말 미안했습니다."

한동안 잊었던 눈물이 왈칵 터져올랐다. 얼마 남지 않은 잔금보다 내가 고파했던 건 진심 어린 사과, 우르르 무너져 내려 사라진 다정함 아니었을까?

"괜찮아요. 사과하셨으니 이제 다 괜찮아요."

"작가님, 정말 죄송했어요."

10초쯤 침묵의 통화를 더 유지한 뒤 우리는 서로에게 덕담과 인사를 덧붙였다. 전화를 끊고 잠시 소리 내 울었다. 그제야 춥고 쓰라렸던 기억을 좋은 마음으로 정리할 때가 되었다고 납득할 수 있었다. 양 어깨에 지고 있던 겨울이 자리를 털고 일어났다. 겨우내 웅크렸던 매듭은 어느새 모두 풀려 이른 봄바람에 팔랑이고 있었다.

오해는 금물

엉뚱한 방어력으로
완성된
오늘의 나

인터뷰 장소는 항상 종잡을 수 없다. 일정과 인터뷰 목적, 강조하고 싶은 바에 따라 장소는 천차만별이다. 그중 가장 선호하는 장소와 선호하지 않는 장소가 있는데, 가장 선호하는 장소는 인터뷰이의 작업실이나 사무공간이다. 어차피 대부분의 인터뷰는 사적인 내용이 아닌 공적인 내용이기 때문에 공적인 업무 현장에서 대화하는 게 가장 바람직하다.

선호하지 않는 장소는 카페와 인터뷰이의 자택이다. 많은 이들이 카페에서의 인터뷰가 편할 거라 생각할 것이다. 그런데 대화 중 단어 하나하나를 놓치지 말아야 하는 인터뷰를 할 때 에스프레소 추출하는 소리, 주변 대화 소리, 전화벨 소리 등이 수시로 울리는 카페는 혼돈 그 자체다. 장소가 여의치 않아 카페에서 인터뷰를 진행하는 날이면 돌아가는 길에 항상 편두통이 올 정도로 신경이 곤두선다.

자택은 조용히 인터뷰하기에 좋다는 장점이 있지만 사적인 공간과 맞물려 있어 집중이 어려울 수 있다. 하지만 선호도는 오로지 나의 성향이다. 장소는 그저 인터뷰이의 일정과 사정에 맞춰 정해질 뿐, 달리 방법이 없다.

어느 겨울, 맡고 있던 소식지에서 인터뷰를 준비할 때였다. 담당자로부터 인터뷰이의 정보와 취재 장소를 전달받았다. 인터뷰이는 30대 후반의 남성이었고, 평소 작업하는 장비가 모두 자택에 있어 그곳에서 취재가 진행될 예정이었다. 여기저기 취재 다니는 직업이고 가릴 것 없이 이동한다지만, 30대 후반의 남성이 사는 집으로 배정된 일정에 나는 당황하고 말았다. 자택에서 조용히 취재해서 나쁠 것이야 없겠지만 독신 남성이 혼자 사는 집에 방문해야 한다면 분명 불편한 상황이었다. 그럴 바에야 차라리 시끄럽고 혼돈의 복판인 카페에서 진행하는 게 나았다. 당장 담당자에게 전화를 걸었다.

"담당자님, 혹시 취재 장소는 자택 근처 카페로 잡으면 어떨까요? 장비 사진도 찍고, 편안하게 대화하기에 자택이 좋긴 하지만, 제가 남자분 혼자 계신 집에 가는 게 왠지 불편해서요."

담당자는 그제야 불편할 수도 있는 일말의 가능성을 알아챘는지 당황한 목소리를 냈다.

"어머, 그러게요, 작가님. 보통 이런 경우에는 남자 작가님이 배정되는데 이번에는 일정이 묘하게 잡혔네요."

"만약에 인터뷰이님 집에 가족이 있거나 결혼하신 분이면 저도 편하게 갈 수 있는데, 혼자 사시는 분이라면…. 물론 무슨 일이야 없겠지만 인터뷰가 불편해질 수는 있을 것 같아요."

"맞아요. 저도 그렇게 생각해요. 그런데 이제 와서 결혼 여부를 물어보면 불쾌해 하실 수 있으니 집 근처 카페에서 뵙자고 제가 연락드려볼게요."

다행히 내 심정을 이해해준 담당자가 중간에서 연락을 취하기로 했다. 전화를 끊고 안도의 한숨을 내쉬었다. 인터뷰이가 위험한 사람이라는 전제를 고집한 건 아니지만 내심 죄송스럽기도 했다. 얼마 지나지 않아 담당자로부터 전화가 왔다. 그런데 분위기가 심상치 않았다.

"작가님, 어쩌죠? 그분이 집 근처에 카페가 없으니 집으로 오라고 하시는데요."

"요샌 동네마다 작은 카페라도 있는데…."

불안이 몸집을 불리는 가운데 나를 설득하려는 담당자의 목소리가 자꾸 작아지는 게, 어쩐지 내 불안을 담당자에게 전가한 것 같아 서둘러 마음을 다잡았다.

"제가 괜히 담당자님께 걱정만 끼쳤나 봐요. 뭐, 별일 있겠어요? 일단 다녀올게요. 다녀와서 연락드리겠습니다!"

그렇게 예정된 인터뷰를 하러 집을 나선 날, 지하철에서 내리자 펑펑 쏟아지는 함박눈을 마주했다. 기억하기로는 그 겨울 가장 눈이 많이 내린 날이었다. 제설 작업이 조금만 늦으면 아무리 서울 시내라 한들 갇혀버릴 듯한 폭설이었다.

인터뷰이의 자택은 지하철역에서 마을버스를 타고 15분쯤 가야 했다. 택시를 타보려 했지만 폭설 탓에 빈 택시를 잡을 수 없었다. 어쩔 수 없이 마을버스를 탔다. 인터뷰이의 자택을 향해 마을버스는 구불구불 잘도 올라갔다. 이렇게 꼬불꼬불한 길을, 이 작은 버스가, 이 엄청난 폭설에도 올라갈 수 있다는 게 진기한 구경으로 느껴졌다.

이윽고 도착지에 내렸을 때 나는 인터뷰이의 말이 사실이라는 걸 알았다. 그의 집 주변에 카페는 눈 씻고 찾아봐도 없었다. 상점이라고는 아주 작은 슈퍼마켓 하나가 전부였다. 그리고 영업을 안 하는 것으로 짐작되는 작은 이발소가 언뜻 보였다. 그 고요한 동네에 아담한 담장으로 둘러진 빌라 단지 안에 인터뷰이의 집이 있었다.

'진짜 카페가 없구나. 내가 괜한 사람을 의심한 것 같아서 미안하네.'

미안하면서도 마음 한편에 박힌 불안이 완전히 제거되진 않았다. 일단 자택으로 들어간다는 건 다소 긴장되는 일이었다. 인터뷰이의 집 앞에 도착해 초인종을 눌렀고, 즉시 문이 열렸다. 혹시나 하는 마음에 고정쇠로 현관문을 살짝 열어놓으려 했는데 인터뷰이는 날이 추우니 문을 닫자고 했다. 다시금 긴장으로 곤두서기 시작했다.

인터뷰이의 집은 말끔하게 정돈되어 있었다. 은은한 섬유유연제 향이 나는 것 같기도 했다. 그와 거실 테이블을 사이에 두고 어색한 인사와 날씨 이야기로 대화의 문을 열었다.

나는 인터뷰 전 항상 예정 질문을 정리해 상대에게 보내주곤 하는데, 인터뷰 시 당황하거나 예민해지는 상황을 막기 위한 목적으로 보낸다. 서면 인터뷰라면 예정 질문에 답변서를 보내지만, 대면 인터뷰에서는 답변서가 굳이 필요 없다. 그저 긴장을 풀기 위한 정도의 예정 질문이다. 그런데 인터뷰이가 내가 보낸 예정 질문에 자세한 답변을 적어 인쇄해둔 것을 내밀었다. 부탁하지도 않은 답변서를 받고 나니 어쩌면 인터뷰이 역시 자택으로 취재를 잡은 데 적지 않은 부담이 있었던 게 아닌가 추측할 수 있었다.

"이렇게까지 준비해주셔서 감사해요. 잘 정리해주셔서 제가 추가 질문만 드려도 되겠네요."

다소 긴장된 표정의 인터뷰이는 고개를 끄덕거렸고, 조곤조곤 대화를 시작했다. 일어나지 않은 상황에 걱정한 데 비해 인터뷰이는 굉장히 차분한 사람이었고 모든 질문에 명확하게 답을 잘하는 편이었다. 인터뷰에 집중하면서 내 마음속 불안도 차츰 잦아들고 있었다. 그때 뒤쪽에서 방문이 열렸다.

달칵.

열린 문으로 만삭의 여성 한 명이 느린 걸음으로 나오면서 내게 인사를 했다. 인터뷰이가 일어나 여성을 소개했다.

"제 아내예요. 출산이 얼마 안 남아서 방에서 쉬고 있었어요."

순간 나도 모르게 입에서 '아' 하고 탄성이 터졌다. 인터뷰이의 아내는 낮잠에서 방금 깬 듯이 말간 웃음을 지으며 뒤늦게 음료 한 잔을 챙겨 내게 내밀었다.

'세상에, 아내가 있는 줄도 모르고 그렇게 불안해 하다니. 내가 엄청난 실례를 범했을지도 모르겠구나.'

순간 며칠 전부터 불안했던 심정과 마을버스 안에서의 두근거림, 현관의 고정쇠를 걸려고 했던 행동까지 모든 부끄러움이 온전한 내 몫으로 떨어졌다.

하지만 언제든 안심하고 긍정하며 인터뷰할 수 있는 사람이 절대 다수일까? 그렇다면 지금껏 취재를 다니며 예상치 못한 성희롱을 겪거나 어처구니없는 사태를 수습해가며 인터뷰를 따야 했던 수년의 세월은 무엇이었을까? 만일의 사태에 대비하는 조심성을 갖춘 걸까, 그도 아니면 의심부터 시작한 못된 심성의 결과일까? 낯선 사람을 만나 대화를 나누고 글로 풀어내는 직업은 매력 있지만, 그 낯선 사람을 만나기 위해 타의적으로 감내해야 하는 부분은 분명 있다. 거기서 오는 방어력이 조심성과 의심을 두루 갖춘 오늘날의 나를 만든 게 아닐는지.

인터뷰와 촬영을 모두 마친 뒤 인터뷰이와 그의 아내에게 꾸벅 인사를 하고 집을 나섰다. 집 밖은 한 시간 가량 인터뷰를 하는 동안 쌓인 눈으로 온통 눈이 부셨고, 미끄러질까 설설 기어 내려가는 내내 부끄러운 발걸음이 눈 위로 남았다.

프리랜서 작가의 밥상

밥만큼은
온전히 벌어서
먹고 싶다

"글 써서 밥 먹고 삽니다."

이 소개말은 들쭉날쭉한 수입과 자유로운 생활의 간극을 건강하게 버티게끔 하는 원동력이다. 어릴 적부터 제일 잘하는 것, 그나마 '특기'란에 하나 적을 수 있었던 '글짓기'라는 단어가 몸서리치게 고마웠던 언젠가부터 시작된 이 자부심. 자음과 모음의 합을 이용해 쓴 무형의 것들이 실용적으로 쓰인다는 사실은 땅 위의 나를 단단하게 버티게 해준다.

한 달에 여러 차례 들어오는 고료는 계산해보면 어느 달에는 대기업 차장급의 월급 못지않은 액수이다가, 또 어느 달에는 입에 칠할 풀을 사기에도 빈약할 정도다. 고정적인 월급을 받는 남편의 지지를 얻어 들쭉날쭉한 수입에도 편한 생활을 할 수 있다는 건 고맙지만, 가끔 자격지심에 빠지기 쉬운 약점이기도 하다. 남편이 단 한 번도 핀잔을 주지 않았음에도 그렇다. 자유롭게 일하고 일한 만큼 인정받는 그 뿌듯함을 몸소 겪고 싶어 시작한 프리랜서면서, 빈약한 고료가 통장에 찍힌 달에는 의기소침의 틈새를 살아간다.

그럼에도 글을 써서 밥을 먹고 사는 것은 틀림없는 사실이다. 대학 졸업 후 회사를 다니면서 '글로 밥 벌어 먹으며 살고 싶다.'는 꿈을 이룬 것도 맞다. 차라리 그때 '글로 밥을 푸짐하게 벌어 먹어야지.'라고 꿈꿨다면 고료가 뭉텅뭉텅 들어오는 삶을 살았을까. 나만 그런 게 아니라 엄마도 그랬고, 주변에 작가를 꿈꾸던 사람들도 그랬고, 글 써서 돈을 와장창 버는 게 아니라 '벌어먹고 산다'는 표현들을 썼다. 그만큼 손에 돈 쥐기 어려운 직업이라 그랬을 것이다.

내가 잡지사에 합격해 기자생활을 시작한다고 했을 때 가족들은 믿지 않았다. 월급을 받아오고 나서야 기자가 되었다는 사실을 인정했다. 4년간 기자생활 후 잠시 다른 직군으로 외도를 하고 다시 프리랜서로 글을 쓰기 시작했을 때도 친정 식구들은 믿지 않았다.

게다가 엄마는 내가 프리랜서 작가라는 확실한 직업이 있음에도 어딘가에 내 직업을 소개할 때 곧잘 '회사원'이라고 소개하셨다. 얼마나 못 미더우면 그러셨을까. 내가 하는 일을 수없이 설명해도 곧이 받아들이지 않으셨다. 한번은 직접 물어봤다.

"엄마, 내가 무슨 일 하는지 알아?"

엄마는 바로 대답하지 않고 뜸을 들이다 심드렁하게 답했다.

"회사 다니는 거 아냐?"

"아니야. 회사나 공공기관에서 일을 의뢰받아서 집에서 일해. 회사에 다니지 않아."

"그게 그거지. 그것도 회사에 다니는 거지."

"그런데 엄마는 나를 회사에 다닌다고 사람들에게 말하면서도 내가 어느 회사 소속인지 말할 수 없잖아."

그러자 엄마는 갑자기 꽥 하니 언성을 높이셨다.

"그러게, 회사를 계속 다녔으면 될 거 아니야. 멀쩡한 회사를 왜 기어 나와서 고생스럽게 다시 글을 쓴다는 거야!"

어쨌든 엄마의 속내는 멀쩡한 회사를 '걸어 나온' 것도 아니고 '기어 나와서' 큰돈을 버는지, 적은 돈을 버는지 종잡을 수 없는 애매한 막내딸의 직업이 어지간히 마음에 안 드셨던 거였다.

"아니, 글을 써봤자 네가 뭐 얼마나 벌어먹고 살 수 있겠어. 글쟁이들은 원래 다 가난하게 살잖아. 왜 직접 나서서 고생길을 가냐 이 말이야."

거기에 안 해도 되는 말까지 덧붙이셨다.

"차라리 그럴 거면 애 낳고 살림이나 잘할 것이지."

마지막 말은 안 하셨다면 참 좋았을 것을, 굳이 하시는 바람에 엄마와 나는 긴 시간 냉랭하다 못해 아찔하게 지냈다.

이렇게 프리랜서 작가는 가족부터 주변 사람들까지 쉽게 보지 않는 직업이다. 어쩌다 전업 작가나 작가를 지망하는 사람들과 대화해도 마찬가지다. 누구 하나 글 써서 밥 먹고 사는 게 쉽지 않다. 글은 그저 생각한 대로 술술 나오는 게 아니라 공부도 하고 취재도 해서 머리와 마음에 뭔가 그득히 채워야 나온다. 엄청난 노동력이 집약된 일이다. 그럼에도 아주 유명한 작가가 아닌 이상 나를 비롯한 작가들은 언제든 적은 고료에 달달거리고, 어처구니없는 누군가의 무례함을 삭혀야 하고, 글쓰기 외의 부업으로 끼니를 챙겨야 한다.

이런 이유로 가끔 의기소침해지지만 대부분의 날들에 나는 '밥'을 잘 챙겨 먹기로 했다. 밥 벌어 먹기 힘든 직업인데, 밥마저 제대로 못 먹으면 내가 너무 불쌍해질 것 같아서였다. 수입이 들쭉날쭉하다며 개다리소반에 밥과 간장 종지만 올려 먹을 게 아닌 이상 끼니를 잘 챙겨서라도 자부심에 영양분을 줘야 한다. 이럴 땐 '밥만큼은 잘 먹어야지.' 하고 벼르는 마음과 '밥이라도 잘 해 먹어야지.' 하며 의기소침해지는 나를 위로하는 마음이 번갈아든다.

그렇게 차리는 1인분의 밥상은 소박하지만 부실하지 않게 준비하려 애쓴다. 사실 프리랜서를 시작한 직후에는 혼자 점심밥을 차려 먹는 게 익숙지 않아서 시리얼, 빵, 과자 등을 먹고 대충 넘기기 일쑤였다. 그랬더니 늘 속이 더부룩했고, 스트레스를 꽤 받았다. 또 그때마다 음식을 맛있게 먹는 게 아니라 어쩔 수 없이 연료를 채우는 느낌이 들었다. 점심을 대충 때운 탓에 저녁을 폭식하는 악순환도 찾아왔다.

그런 시행착오의 시간을 잠시 가진 뒤 이제는 간단하게나마 내 욕구를 충분히 채워줄 수 있는 음식을 만들어 먹는다. 저녁식사는 남편과 하는 것이니 최대한 남편에게 맞춰 준비하고, 점심식사는 오로지 내가 먹고 싶은 것으로 궁리해 요리한다. 볶음밥이나 파스타를 만든다면 탄수화물의 비중보다 채소의 비중을 잔뜩 높여 만든다거나, 간단하면서 저녁에 내놓기에는 다소 가벼운 이국의 요리도 만든다. 매운 음식을 좋아하는 편이라 칼칼한 찌개를 1인용 냄비에 끓여 먹을 때도 있다.

가볍게 식사하고 싶은 날엔 즐겨 등장하는 것이 있는데, 단호박과 고구마다. 이건 요리라고 부르기에도 부끄러운 정도인데, 그저 프라이팬에 종이 포일을 깔고 구우면 그만이다. 여기에 라떼나 커피를 곁들여 먹고 나면 훌륭한 점심식사인 데다 속도 편안해서 일이 많은 날이나 기름진 음식을 먹은 다음 날 식단으로 즐긴다.

점심을 혼자서만 먹진 않는다. 가끔 친구를 만나서 점심을 함께 먹거나, 화요일의 독서모임 후 다 같이 식사를 할 때도 있다. 그럴 때는 꼭 내 용돈으로 밥을 사 먹는다. 최소한 점심식사만큼은 꼭 내가 벌어 먹고 싶어서인지, 생활비로 나만의 점심 밥값을 내기가 싫다. 격주로 모이는 독서모임에서 사람들과 밥 먹으러 갈 때마다 내 앞에 놓인 음식을 보며 속으로 '오, 내가 벌어 먹는 밥이로구나.' 하며 기뻐한다. 물론 부끄러운 속내니까 얼굴에 내색은 하지 않는다.

그럴 때마다 내 입으로 들어오는 밥 알알이 얼마나 실감 나게 구르는지, 빵의 찰진 면면이 얼마나 생생하게 앞니에 와 닿는지, 갓 구운 고구마를 씹다가 마시는 커피 한 모금이 얼마나 뜨끈한지 아주 세밀하게 느껴진다.

벌어 먹는 밥이 고마워서일까. 이렇게 쓰는 행위로 나를 연명한다는 감사함과 저릿함 때문일까. 매일 나를 위한 밥상을 차리며 만감이 교차한다. 먹고 나면 또 열심히 쓰고 일한다. 해질녘까지 쓴다. 그렇게 나는 오늘도 글 써서 밥 먹고 산다. 열심히 벌어먹고 있다.

벌어 먹는 밥이 고마워서일까.

이렇게 쓰는 행위로 나를 연명한다는 감사함과 저릿함 때문일까.

매일 나를 위한 밥상을 차리며 만감이 교차한다.

먹고 나면 또 열심히 쓰고 일한다. 해질녘까지 쓴다.

그렇게 나는 오늘도 글 써서 밥 먹고 산다. 열심히 벌어먹고 있다.

CHAPTER 3

'프리'하지 않은
프리랜서의
일

'일단'과 헤어지는 방법

'일단'은
나를 한없이
고생시키고 성장시켰다

"일단 해보겠습니다!"

나의 단골멘트다. 해본 적이 없거나, 상상할 수 없는 일, 혹은 어려움이 뻔히 보이는 일이라도 거절을 잘 못하는 성격 탓에 저 말을 입에 달고 산다. 일단 해보겠다니, 얼마나 무모한가.

간혹 어렵다는 의사를 표현하긴 하는데, 그게 또 보기에 시원하지 못하다. "그게, 조금 어려울 것 같은데요." "제가 좀 부족하니까요."처럼 평소와 달리 작은 목소리로 얼버무리곤 한다. 지금 당신이 의뢰한 일이, 지시한 그 일이 얼마나 어렵고 뜬금없는지 또 얼마나 부당한지 속에서 이글이글 타올라도 말을 못 꺼낸다.

회사생활을 할 때는 지금보다 더 심했다. 인정받지 못할까봐 불안한 마음, 거절함으로써 기회를 잃을 것만 같은 예감 때문에 어려운 일을 받아도 늘 단골멘트로 답했다.

"일단, 해볼게요!"

혼자 하는 일이면 괜찮은데 팀원들과 함께 해야 할 일이면 항상 문제가 생겼다. 중소기업의 특징이라면 처음 해보는 일이 수두룩하다는 것인데, 내겐 그 수두룩한 일이 참 많기도 했다. 특히 후배 직원들을 가르치며 일하던 시절에는 일단 해보겠다고 선언하는 내 성격이 팀원들을 힘들게 했을 것이다. 일단 해본다고 한 덕에 나와 팀원들의 야근은 언제나 보장되어 있었고, 함께 저녁 먹는 날이 많았다. 가족과는 고작해야 한 달에 두어 번 함께 식사를 해도 팀원들과는 매일같이 점심과 저녁을 함께 먹는 상황이란.

이처럼 '일단' 해보려는 습관은 혼자 오롯이 솟아난 게 아닐 것이다. 그럴싸한 명문대를 나오지 않은 데다 굵직한 대기업의 경력도 없는 내가 회사에서 인정받고 자리를 굳건히 하려면 성실 말고는 재간이 없었기 때문이다. '열심히 해서 안 될 게 세상에 어디 있나.' 싶은 철없는 생각도 한몫했다.

하지만 나와 팀원들의 편의를 생각한다면 엄한 일에는 '칼 거절'도 할 법한데 그것을 참 못했다. '차라리 사내 정치라 도 잘했으면 뭉개고 넘어갈 수 있을까?' 이런 생각을 안 해 본 것도 아닌데, 도무지 내 영역이 아니었다. 정치의 '정' 자 도 모르는 나는 그저 묵묵히, 그리고 쾌활하게 '일단 하겠다' 고 선언하는 것 말고는 잘하는 게 없었다.

그러다 프리랜서가 되면서 '일단'의 독주를 톡톡히 마시 게 되었다. 혼자 일하는 프리랜서는 일단 한다고 회신하면 죽이 되든 밥이 되든 해내야 한다. 도움받을 곳도, 조언을 구 할 곳도 시원치 않다. 오로지 컴퓨터와 책상, 도서관의 자료 만이 동료일 뿐이다. 거절을 못하는 성격에 불편한 감정싸 움은 일단 피하고 보는 나는 '일단'의 좋은 먹잇감이었다.

그런 내가 제대로 '일단'에 휘말린 어느 겨울의 일이다. 한 출판사로부터 연락이 왔다. 모바일 매거진을 기획하고 있는 데 혹시 기사 작성을 맡아줄 수 있겠냐는 내용이었다. 글 쓰 는 일은 언제나 즐겁고, 또 마침 한 업체와의 계약이 만료 되어 새로운 클라이언트와의 일을 찾던 중이었다. 이메일로 기획안을 받았다. 무슨 소린지 알 수 없는 단어로 채워진 기획안을 읽고 있을 때 다시 전화가 왔다.

"기획안만 보면 어렵죠? 무슨 말인지 감도 안 오고⋯. 일단 만나서 설명드릴게요. 사무실에서 봅시다!"

알겠다고 하고 약속시간을 정한 뒤 다음 날 출판사로 찾아갔다. 다들 퇴근하고 저녁이나 먹으러 나갈 무렵의 시간이었는데, 작은 출판사의 사장님이 혼자 컴퓨터 앞에서 끙끙거리며 무언가를 쓰고 있었다.

출판사 사장님은 상당히 업무가 많은 사람이었다. 얼추 일을 마무리 지을 때까지 잠시 기다린 다음 기획안을 가운데 두고 이야기를 시작했다. 설명을 들어보니 내가 전혀 모르는 분야의 독자들을 대상으로 하는 매거진이었다. 관련 지식이라곤 한 톨도 없는 내가 감히 시도했다간 망신당하기 딱 좋은 일이었다.

"이 일을 맡기엔 제가 많이 모자라네요."

"괜찮습니다. 다 알아가면서 하는 거니까요."

"그래도 이렇게 아무것도 모르는 제가 글을 쓰면 독자들도 실망할 텐데요."

"아닙니다. 에디터님만 괜찮다면 저는 맡기고 싶은데요.

제가 요즘 사람 구하는 게 너무 힘들어서요. 글 쓰는 분들 섭외하는 게 너무 힘들더라고요. 저는 괜찮으니 같이 일해보시죠. 자료는 저도 같이 찾아보겠습니다."

"아니, 그게⋯."

이런 식의 대화를 두어 번 반복하며 도통 거절을 못하는 나는 땀을 삐질삐질 흘렸다. 이윽고 그 말이 내 입에서 나오고야 말았다.

"일단 해볼게요."

다시 '일단'에게 발목을 잡혔다. 식은땀이 흐르는 등 뒤에서는 '일단'이 킬킬거리며 웃고 있었다. 소주 한 사발 들이켠 것 같은 쓴맛이 목으로 넘어갔다.

이 일은 '일단'에게 호되게 당한 대표사례가 되었다. 관련 지식이 전혀 없던 나는 이 매거진의 기사를 쓰기 위해 엄청난 공부가 필요했다. 한 편의 원고를 쓰기 위해 책 한 권씩 읽어야 했고, 모르는 용어가 수두룩해서 짧은 원고 하나를 쓰는 데도 하루가 꼬박 걸렸다. 원고마다 감정 소비도 적지 않았다.

하지만 계약서에 도장은 찍었고, 분야가 분야다 보니 새로운 에디터 구하기도 쉽지 않은 상황이었다. 알게 모르게 사명감도 생겼다. 필요한 인터뷰 상대가 있으면 핸드폰이 뜨거워지도록 전화를 붙잡는 것도 내 몫이었다. 나는 '일단'을 쉽게 사용한 죗값을 톡톡히 치렀다.

그렇게 매거진에 글을 쓴 지 9달째 되던 날, 언제나 바쁜 사장님과 대화를 나눴다. 다가오는 연말로 매거진 서비스가 종료될 것 같다는 이야기였다. 확실하진 않지만 혹시 서비스 종료라는 안 좋은 결말을 맞더라도 충격이 덜하길 바란다고 말했다. 이 매거진은 사장님이 어떤 기업으로부터 외주를 받아 진행하는 건이었는데, 수익이 별로 나지 않는 모양이었다.

사장님과 이야기를 마무리하면서 잠시 뒤를 돌아보니 킬킬거리던 '일단'이 훌쩍이는 모습이 보였다. '일단'을 던지는 바람에 그 고생을 하며 여기까지 왔고, 업무가 종료되면 여유가 생길 줄 알았건만 이 난데없는 훌쩍임이라니.

그래서 사람들이 '시원섭섭'이란 표현을 쓰는 걸까? 자료 조사와 낯선 분야를 캐는 고생을 덜 수 있다 생각하니 시원했지만, 열심히 만든 매체와 이별하는 건 섭섭했다. 몹쓸 '일단' 때문에 끌어온 일인데 섭섭함을 느낄 줄은 꿈에도 몰랐다. 한편으로는 '일단' 덕에 무모한 일도 덥석 베어 물고 여기까지 성장할 수 있었던 걸까 싶기도 했다.

연말에 매거진을 마무리하며 애증의 '일단'과 헤어지기로 다짐했다. 물론 장담할 수 있는 다짐은 아니다. 훌쩍이던 '일단'을 보니 나를 구축해오던 패기가 어디서 나왔는지 짐작이 가니 말이다. 일단 해보겠다는 자신감과 호기가 있었기에 5년째 프리랜서 생활을 잘 이어온 게 아닐까. 또 앞으로도 성장하기 위해 종종 '일단'에게 패를 넘겨줘야 할지도 모르겠다. '일단'의 뒷면에는 적극적으로 일감을 얻지 못해 발만 동동거리다 정규직 채용 공고를 서성였을 어떤 순간이 떠올랐으므로.

당신의 가벼운 제의

그 가벼움에
나는 떼기 쉬운
스티커가 되었다

참여 중인 프로젝트가 넘치지 않는 이상, 평소에 꾸준히 일거리를 알아본다. 정규직으로 돌아가긴 죽어라 싫지만 그때보다 수입이 적어지는 것 역시 참긴 어려우니 말이다. 며칠 전에는 인터넷에서 어떤 글을 하나 봤다. 프리랜서로 7개의 프로젝트를 진행하는 어떤 작가의 한 달 수입이 120만 원이라는 자조적인 내용이었다. 사실 120만 원은 성인 한 사람이 자신의 생활을 온전히 유지하기에 부족한 돈이다. 시원히 밝히지 못하는 내 수입은 그것보다는 낫지만, 어쨌든 프로젝트가 끊기면 나도 언제 최저생계비 이하의 돈을 벌게 될지 알 수 없다.

그런 입장에 놓여 있다 보니 나를 포함한 프리랜서들은 한 번씩 자존심이 꺾이는 날이 있다. 몇 차례 경험이 있는데, 그중 기억에 남는 두 가지 경험을 털어놓기로 한다.

그중 한 곳은 홍대 인근의 사무실이었다. 문을 열고 들어 갔을 때 젊어 보이는 직원 몇이 나를 회의실로 안내해줬다.

'일하는 사람들의 연령대가 젊구나.'

이런 생각을 하며, 경력이 많기는 해도 30대 중반을 뉘엿 뉘엿 지나는 내가 함께할 수 있을까 조바심이 들었다. 잠시 기다렸더니 그 회사의 대표가 들어왔다. 반듯해 보이는 얼굴의 여성이었다. 반갑게 인사를 나누고 앉아 이야기를 시작했다.

"경력이 정말 좋으시네요. 우리가 딱 원하는 분이세요."

칭찬으로 시작한 대표의 설명에 따르면 기획안을 제출한 사업이 정부로부터 지원을 받게 되었는데, 그 사업의 일부가 현장을 취재하고 기획기사로 만드는 거였다. 그 역할을 해줄 사람을 찾는다고 했다. 대신 취재의 횟수가 많지 않아 프리랜서를 구하고 있고, 혹여나 사무실의 잡무를 함께 맡아줄 정규직이 나타난다면 그것 역시 고려하고 있다고 했다.

"아직 정규직을 지원한 사람은 없어요. 사무실에서 전화도 좀 받고 간단한 일들까지 해줄 사람이면 좋은데, 그런 일과 취재와 기사 작성을 겸하는 직원을 구하는 건 정말 어렵더라고요. 괜찮으시다면 계약하고 함께 일하고 싶은데, 어떠세요?"

면접 자리에서 계약 이야기까지 나오면 더 말할 것도 없는 결말이다. 사측에서 제시한 고료가 훌륭한 편은 아니었지만 면접을 가기 전 그 회사에 대해 미리 알아봤고, 그동안 해온 사업들이 꽤나 마음에 들었던 터라 웬만하면 함께 일하고 싶었다.

"네, 저도 좋습니다."

"그럼 우리가 계약서를 준비해야 되고, 또 취재 일정도 조율해야 되니까 이번 주중에 다시 전화드릴게요. 번거롭겠지만 그때 다시 나와서 계약서에 도장 찍고 같이 일 시작하시죠."

대화가 시원시원하게 진행된 면접을 마치고 나는 집에 돌아왔다. 지원이 확정되었다는 그 사업은 기획안을 살펴봤을 때 상당히 구미가 당겼다. 잘해볼 수 있을 거란 확신이 들었고, 집에 돌아와 며칠간 그 회사의 추진 사업과 대외적으로 드러난 콘텐츠를 꼼꼼히 살폈다. 그런데 주중에 온다는 연락이 오지 않고, 그 다음 주에도 소식이 감감하자 살짝 불안해지기 시작했다. 안달하는 모습으로 보일까 봐 바로 전화를 걸지 않고 기다렸지만 결국 먼저 연락을 했다.

"네, 지난번에 면접 보고 같이 일하기로 했는데요. 계약하러 가기로 했는데 연락이 없으셔서 제가 걸었습니다."

이때도 대표는 아주 쾌활한 목소리로 응대했다.

"아, 미안해요. 내가 너무 정신이 없어서 연락을 못 했네요. 오늘내일 중에 계약서 준비하도록 지시해둘게요."

이 말만 철석같이 믿고 나는 다시 취재 준비에 여러 날을 보냈다. 오늘내일 중에 준비한다던 계약서는 또 일주일이 지나도록 소식이 없었다. 다시 연락하기 민망했지만, 결국 먼저 전화를 건 쪽은 이번에도 나였다. 또 쾌활한 대표의 목소리가 들렸다.

"아이고, 미안해라. 내가 곧 연락할게요. 내가 작가님 정말 마음에 들어서 꼭 같이 일할 거니까 걱정 말고요."

그리고 예상했겠지만 그 뒤로도 연락은 없었다. 나는 그 이후 한 번 더 전화를 걸었고, 같은 반응을 들으며 마음을 접었다. 그 회사의 사정은 대충 짐작만 갈 뿐이다. 막상 사람을 뽑으려고 했는데 내부 직원을 달달 볶아서 일을 시키면 돈이 덜 든다는 계산이 나왔거나, 혹은 정말 취재와 기사 작성과 사무실의 잡무까지 모두 맡아줄 젊은 직원을 뽑았을지도 모른다. 본인이 뱉은 말 때문에 미안하단 말을 거듭하긴 했겠지만, 계약서에 도장을 찍기 전까지 그 대표에게 나는 얼마든지 미안해도 무관한 사람일 뿐이었다.

또 한 번 비슷한 일이 생겼다. 지난 가을, 비가 억수로 많이 내린 날이었다. 혹시 몰라 노트북까지 챙겨 나간 날이었는데, 출발할 때와 달리 지하철역에서 내리자 장대비가 쏟아지고 있었다. 일단 노트북 가방을 품에 안고 우산을 썼다. 비가 어찌나 많이 내리던지 우산이 구실을 제대로 못 해냈고, 팔뚝에 빗줄기가 스칠 때 아플 정도였다.

그래도 면접이니 정장 차림이었는데 빗속을 뚫고 사무실을 찾느라 이미 신발은 질퍽하게 젖은 상태였다. 빗물을 대강 털고 사무실 문을 열고 들어갔다. 문에서 가까운 자리에 앉아 있던 직원이 나를 대표실로 안내해줬다.

그 회사 대표의 첫인상은 트렌디, 그 자체였다. 나이는 나보다 7~8살 정도 많아 보였는데 그 나이에 시도하기 힘든 옷차림이며 잘 다듬은 헤어스타일까지, 그저 주어진 대로 나이 먹어가는 아저씨가 아니었다. 자리에 앉아 그에게 업무 설명을 들었다. 지금까지 내가 해온 일과 비슷하지만 좀 더 손길이 필요한 카피라이팅 작업이었다.

"우리는 스토리를 가공하는 일을 해요. 의뢰가 들어온 기업의 브랜드 이미지를 더욱 좋게 만들기 위해 카피와 스토리를 다듬는 작업을 거치는 거죠."

오랫동안 유지해온 브랜딩 콘텐츠, 웹사이트, SNS 등의 스토리를 새롭게 손보는 일이었다. 글 쓰는 일이야 얼마든지 할 수 있었기에 못 할 것도 없었다. 대표 역시 내 이력이 마음에 드는 눈치였다.

"원래 우리 회사는 면접 오시는 분들 모두 교정 테스트를 해요. 그런데 작가님 이력이 워낙 화려하고 글을 많이 써본 분이라 이런 테스트는 안 해도 되겠네요. 작가님만 괜찮다면 당장 같이 일합시다."

시원시원한 그의 제안에 나는 속으로 뛸 듯이 기뻤다. 그는 자신의 회사에서 직원들이 어떤 방식으로 일하는지 설명해줬고, 대강 내가 투입될 시기와 급여에 대해 말해줬다. 괜찮은 수준의 급여였다. 나도 흔쾌히 수락했다. 면접의 마무리로 악수를 나누며 대표가 인사를 했다.

"정말 좋은 분을 만나게 돼서 영광이에요. 조만간 투입 일정과 필요한 서류를 저희 직원이 메일로 보내드릴 겁니다. 확인하시고 바로 일 시작하시면 돼요."

모처럼 괜찮은 면접을 봤다는 느낌에 나오는 길의 억수같이 내리던 비는 참을 만했다. 돌아가는 길에는 남편에게 전화를 걸어 소식을 알렸다. 우리 부부는 그날 저녁 조금 비싼 술을 마신 것 같다.

그 이후에는 앞서 말한 회사와 같이 또 연락이 없었다. 궁금한 내가 전화를 걸고, 상대는 다시 이런저런 핑계를 대며 기다리게 하는 것의 반복이었다. 그 반복이 한 달쯤 지속된 후에 나는 포기했다. 두 번이나 이런 일을 당하고 나니 불쾌감에도 면역이 생기는 듯했다.

생각해보건대 그 대표들이 굳이 내게 그렇게 행동해 이익을 얻을 건 없었다. 프리랜서 하나 바람 맞춘다고, 약속 좀 어겼다고 그들에게 얼마나 대단한 이익이 가겠는가. 그들이 그렇게 약속을 어긴 건 이익이 아니라, 아니 이익조차 날 게 없을 정도로 프리랜서를 가볍게 여겼기 때문일 것이다.

정규직은 고용도 해고도 어렵다. 프리랜서는 간단한 용역 계약서를 한 장 쓰고 필요할 때 일을 의뢰하고, 의뢰한 만큼 만 돈을 지불하면 된다. 고용된 것이 아니니 일을 주고 끊는 게 편하다. 그 편리함이 함께 일하기로 한 약속에도 적용되 는 것이다. 정식 고용도 아니니 얼마나 편리할 것인가. 정규 직만 아니라면 마음에 들어 함께 일하자고 싱글벙글 제안 을 했다가 마음이 바뀌면 거짓말을 하든, 연락을 차단하든 간단한 것이다. 상대의 기대, 업무를 위한 준비 따윈 생각도 안 날 정도로 말이다.

그래서 프리랜서인 나는 조금 서글펐다. 나를 마치 뗐다 붙였다 하는 스티커처럼 간단하게 떼버리는 것 같았다. 그 저 솔직하게 "함께 일할 수 없게 됐습니다."라고 한마디만 했어도 가볍게 치워지는 기분은 들지 않았을 것이다. 한번 쯤 "당신들이 간단하게 외면할 정도로 내 가치가 별로인 건 아니야."라고 말하고 싶었지만, 우리는 연락조차 불필요한 사이일 뿐이다.

그래서 프리랜서인 나는 조금 서글펐다.

나를 마치 뗐다 붙였다 하는 스티커처럼

간단하게 떼버리는 것 같았다.

한번쯤 "당신들이 간단하게 외면할 정도로

내 가치가 별로인 건 아니야."라고 말하고 싶었지만,

우리는 연락조차 불필요한 사이일 뿐이다.

내겐 아직 그들의 명함이 있다. 버리지 않았다. 기억하고 싶었다. 그들의 가벼움을 잊지 않고 싶었다. 그들의 제의는 얼마나 사람을 가벼이 여기는지 알 수 있는 증거였다. 그래서 언젠가 업계에서 마주치거나, 혹은 그들 회사의 소식이 들려올 때를 기다린다.

나는 실컷 비아냥거릴 준비가 되어 있다.

그래서 얼마면 돼?

- - - - - - - - - - - - - - - - - -

프리랜서
작가의
원고료

하나를 포기하면 하나가 온다더니. 오늘 내게 일어난 일이다. 기쁜 마음으로 하나를 얻고, 아쉬운 마음으로 하나를 포기했다. 내가 포기할 수 있는 작은 것은 무엇일까. 음식에 넣는 소금의 양, 더 마시고 싶지만 내일의 컨디션을 위해 참는 맥주, 경품 추첨에서 빠르게 손을 들고 쟁취하는 특별한 선물. 오늘은 그런 종류와는 다른 포기라서 조금 아쉽다.

나는 종종 구직사이트에 올라온 공고에 지원하며 일감을 구한다. 지원 시 제출한 서류와 포트폴리오를 검토받은 후 바로 일을 진행하거나 미팅이나 면접 후 진행하기도 한다.

가장 좋은 경우는 예전에 함께 일한 곳에서 다시 일해보자며 새 프로젝트를 제안하는 때다. 이 경우에는 갑과 을의 관계이긴 하나 서로에 대한 신뢰가 탄탄한 상태이고, 업무방식도 익숙하기 때문에 일을 하는 데 군더더기가 없다.

지금은 작년에 참여했던 프로젝트를 올해 새로 시작하면서 다시 일해보자고 연락온 곳과 고료가 적긴 하지만 업무방식이 자율적이고 내 글에 만족도가 높은 곳까지 두 업체에서 의뢰받아 글을 쓰고 있다. 마감일이 정해져 있지만 늘 마감일보다 일찍 원고를 보내고, 가능한 업체에서 교정과 손질을 볼 필요가 없도록 꼼꼼히 글을 써 보내는 것. 그게 내가 추구하는 업무방식이다.

작년에는 5개 업체와 일하느라 정신이 없었는데 지금은 두 곳이라 살짝 한가하다. 4개까지 하면 생활이 너무 팍팍할 듯하니 3개 업체와 일할 정도는 되지 않을까 싶었다. 그래서 며칠 전 다시 구직사이트에 들어갔다. 접속하자마자 눈에 띄는 이름이 있었다. 도서관에서 매달 지켜보던 어느 잡지의 이름이었다.

평소 그 잡지를 읽으며 '나도 이런 글을 써보고 싶다.'라는 생각을 자주 했다. 새로운 소식을 급히 전하는 기사가 아니라 이미 있는 무언가 혹은 새로 나온 무언가에 대해 깊이 있게 쓰는 글들이었다. 기사라고 꼭 빠를 필요 있는가. 모바일 미디어와 SNS가 이미 많은 소식을 빠르게 전하고 있는데 나까지 속보를 보태고 싶지 않았다. 그 잡지의 글은 내가 추구하는 '깊고 진득한 글'이었다. 업체 정보를 보니 작은 규모의 회사에서 발행하는 매거진인 듯했다. 회사 규모가 작은들 어떠한가. 존중하며 일할 수 있는 사람들이라면 회사 규모는 아무 상관이 없다. 지원 버튼을 눌렀다.

또 하나는 규모가 큰 업체였다. 그곳에서 운영하는 사업에 참여한 이들을 만나 인터뷰를 하는 일이었다. 새로운 사람을 만나고, 이야기를 나누고, 그것을 글로 옮기는 일은 언제나 즐겁다. 공고에 기재된 고료도 적당했다. 망설임 없이 포트폴리오를 제출했다. 두 업체에 지원을 하고 한 곳이라도 연락이 왔으면 좋겠다고 생각했다.

먼저 연락이 온 곳은 전자의 잡지사였다. 미팅을 하자는 전화를 받고 며칠 후 사무실을 찾았다. 마침 약한 비가 내리다 그쳐서 공기가 선선했고, 기분이 좋았다. 내가 쓴 글이 담긴 고고한 자태의 잡지를 상상하며 길을 걸었다.

'손에 쏙 들어오는 그 잡지의 두께감에 내 글이 속할 수 있다면 얼마나 기쁠까.'

'그곳의 사무실도 고고한 자태를 하고 있을까.'

'깊이 있는 글을 쓰는 그들은 나처럼 시력이 안 좋겠지. 어떤 안경들을 쓰고 있으려나.'

하지만 담배 냄새가 짙게 배인 회의실에서 미팅을 시작한 이후 나는 조금씩 속상해지기 시작했다. 고고한 사무실 자태는 둘째 치더라도 내 경력에 맞는 고료를 제안해주길 바랐다. 평소 내가 받는 고료의 반의반도 되지 않는 데다 취재비 지원조차 없다는 조건을 들으며 차라리 밖에 비가 철철 내리면 좋겠다고 생각했다. 게다가 이런 말까지 들었다.

"경력이 엄청 화려하시네. 해본 게 많으시네요."

그 말에 대한 대답은 속으로만 했다.

'그러니까요. 해본 프로젝트가 그렇게 많은데 이런 고료를 제시하시다니요.'

대답 대신 헤헤 웃으며 참여했던 프로젝트를 설명했다. 슬쩍 내 의사도 전해봤다.

"제시하신 고료가 제가 받던 고료보다 많이 적은데요, 경력에 따른 고료 조정은 없나요?"

"네, 없습니다."

상대는 딱 잘라 말했다. 일단 서로에게 긍정적인 의사를 표시하며 미팅을 마쳤다. 그토록 마음에 드는 잡지였음에도 불구하고 너무나 적은 고료 때문에 돌아와서도 고민을 멈출 수 없었다. 아무리 매체가 마음에 든다 한들 내 글에 대한 자부심을 헐값에 넘기고 싶지 않아서였다. 그래도 작가인데, 열심히 생각하고 마음을 눌러 담아 쓴 글의 대가를 푼돈으로 받고 싶지 않았다. 또 한 번 낮추기 시작하면 끝없이 내 몸값이 낮아질 것 같아 두려웠다. 한편으로는 요즘 이 업계 상황이 좋지 않다는 걸 알면서 내가 무슨 배짱을 부리는가 싶어 스스로가 밉기도 했다.

사실 이렇게 낮은 고료에 상처받은 일이 처음도 아니었다. 너무하다 싶을 정도로 박한 고료를 제시하거나, 애초에 논의한 고료에 몇 가지 업무를 덤으로 넘기는 곳도 많았다. 프리랜서를 구한다기에 갔더니 주4일 출근해 나이 든 직원들 문서작업을 해달라는 엄한 조건을 들이대는 곳도 있었다. 언젠가 미팅을 제안한 신문사에서는 이런 질문도 했다.

"프리랜서 작가면 돈벌이가 시원치 않죠? 먹고살기 힘들겠네요."

이렇게 무례할 수가. 내가 돈벌이가 시원치 않다고 절절
매며 일거리를 조를 거라 예상한 걸까. 몹시 불쾌해지는 바
람에 나는 대답도 제대로 안 하고 얼른 자리를 파하고 돌아
왔다. 이런 종류의 회사들과 담당자들을 만나면 옛 드라마
의 유행어처럼 "얼마면 돼?"를 거들먹거리는 모습이 비쳐
보인다. 나야말로 얼마면 되냐고 되레 묻고 싶다. 대체 얼마
나 고료 후려치기를 해야 당신들 속이 편하겠냐고.

그리고 오늘 비 그친 오후에 만났던 잡지사에서 함께 일
하자고 연락이 왔다. 결국 거절하고 말았다. 담당자가 이유
를 물었는데 고료 외에 신경 쓰였던 점 하나를 이야기하고
통화를 마무리했다. 차마 고료에 서운하다는 말을 할 수 없
었다. 또한 업체들이 채용공고에 처음부터 고료를 공개해놨
더라면 이런 불편한 만남도 없었을 테다. 고료를 왜 꽁꽁 숨
겨놨다가 미팅 자리에서 잔뜩 간 보고 난 후에야 공개하는
지 알 수 없는 노릇이다. 고료나 급여가 엄청난 회사 기밀
도 아닌데, 구직자를 위한 배려는 도무지 찾아볼 수가 없다.

거절 의사를 밝히고 쌉싸름한 마음이 들던 중에 전화 한
통을 더 받았다. 지원했던 두 업체 중 나머지 한 곳이었다.

함께 일해보자는 이야기였다. 이미 공개해놨던 고료가 적당하기도 했고 구태여 조건 숨겨가며 사람 구하지 않는 자세도 썩 마음에 들었다. 고민할 필요가 뭐 있겠나. 나를 선정해주셔서 감사하다는 인사와 함께 향후 일정을 논의했다.

프리랜서는 욕심을 내면 낼수록 일을 많이 하고 돈도 많이 벌 수 있다. 일하는 동안 성실하게 클라이언트를 대하고 내 일처럼 애착을 갖고 임하면 그 관계가 오래도록 이어진다. 나는 계약이 끝나고도 함께 일하던 사람들과 가끔 연락을 하고, 밥도 먹고, 차도 마신다. 그들의 공통점은 고료 몇 푼에 나를 흥정하지 않았다는 점이다. 그래서 어쩌다 만난 회사에서 말도 안 되는 고료를 제시해 서운해도, 엄한 조건으로 흠집을 내도 포기하지 않는다. 여전히 좋은 사람들과 기회가 있다는 것을 알기 때문이다. 그래서 잘 모르는 사람이 보기에 다소 불안정한 프리랜서 생활일지 모르지만, 나는 꽤나 시원하고 즐겁게 일하는 프리랜서라는 게 불변의 사실이다.

작업복은 필수

여정을
함께한 만큼
낡아가는 것들

미팅시간 10분 전, 새 프로젝트 개시 전 클라이언트와의
미팅을 위해 서울 한복판의 사무실을 찾았다. 건물 로비에
서 이번 프로젝트를 소개해준 에이전시 직원을 만나 인사를
나눴다. 회의실로 걸어가며 클라이언트 기업 소속 직원들
을 여럿 마주친다. 비교적 편안한 업무 분위기인지 청바지
에 캐주얼한 셔츠, 후드 집업 등을 걸친 사람이 대부분이다.
나처럼 경직된 차림새로 온 사람은 한 명도 보이지 않는다.

평소답지 않게 이날은 구두를 신었다. 1년에 구두 신는 날
은 손에 꼽을 정도인데 비즈니스 미팅이 있는 날은 평소 신

던 운동화는 넣어두고 꼭 구두를 신는다. 옷은 셔츠나 블라우스, 그도 아니면 최대한 단정한 원피스를 입고 재킷을 챙겨 입는다. 혹독하게 춥다면 그 위에 정장에 어울리는 패딩 코트를 겹쳐 입는다.

누가 시키지도 않았건만, 비즈니스 미팅 자리에 정장을 착용하는 습관은 프리랜서를 시작한 이후 한 번도 어긴 적 없다. 다른 프리랜서들은 어떨지 모르겠다. 내 고리타분한 습성인지 클라이언트와의 첫 만남만큼은 정장 아닌 옷을 상상할 수 없다. 제아무리 더운 여름이라도 셔츠나 블라우스를 입고 구두를 신는다. 여름 재킷을 팔에 걸고 다니다 대면하기 전 꼭 몸에 걸친다. 안경을 쓰면 인상이 딱딱해진다는 말을 많이 들었던 터라 특별히 자료를 보거나 중요한 관람이 있지 않는 한 미팅 테이블에서는 안경도 벗어놓는다.

요새는 딱딱하게 정장 입고 출근해서 몸을 혹사시키는 회사가 차츰 줄고 있는 추세라 이런 고집은 별 의미 없을 수도 있다. 그런데도 나는 비즈니스 미팅만큼은 최대한 단정하게 입고 내 이미지를 닦아놓는다. 당신이 함께 일할 프리랜서 작가, 정규직이 아니니 매일 얼굴 보며 지낼 식구는 아니지만 적어도 업무의 한 품을 공유할 사람의 낯이 믿음직해 보이길 바라며 스스로 고집하는 차림새다. 혹여나 어떤 사정이 생겨 함께 일하지 못할지언정 수더분한 이미지로 남기 싫은 이유도 있다.

이렇게 신경 써서 입는 복장은 오로지 첫 만남, 중요한 자리에만 해당한다. 이후 업무를 시작하면 전혀 다른 차림새로 중무장한다. 이미지가 워낙 다르니 두 번째 대면에서 나를 못 알아보는 클라이언트도 종종 있었다. 내가 보여주고 싶은 얼굴, 믿고 일을 맡겨달라는 신뢰의 차림새는 처음 한 번이면 족하다. 이후에는 취재에 최적화된 차림새가 중요하다. 이런 복장을 나는 '작업복'이라 부른다.

취재를 나갈 때 상의는 무조건 셔츠를 입는다. 미팅 때 셔츠나 블라우스를 입었다면 취재 때는 무조건 셔츠다. 블라우스는 얇고 팔랑거리는 소재가 많은데 셔츠는 탄탄하고 조금 뻣뻣한 소재가 많다. 클라이언트와의 첫인상은 여차저차 잘 새겼다 해도, 취재에서 첫 대면을 하게 될 취재원이나 인터뷰이에게 대충 편한 차림으로 왔다는 인상을 줄 순 없다. 처한 환경에서 최소의 예의를 걸쳤다는 의미로 늘 셔츠를 입는다. 화장도 거부감을 주지 않기 위해 선크림과 베이스

메이크업 정도만 한다.

이때 중요한 건 셔츠의 길이다. 셔츠는 엉덩이를 덮는 긴 기장이 가장 좋고, 앞 길이보다 뒤 길이가 더 긴 정도가 괜찮다. 막상 취재현장에 가면 앉기 애매한 경우가 많아서 그렇다. 잘 정돈된 사무실에서 만났는데 소파와 테이블 사이 거리가 구만리라면 노트북을 펼쳐놓고 몸을 앞으로 숙여서 워딩을 받아 적어야 한다.

한번은 인터뷰이의 집에서 인터뷰를 하는데 공간이 여의치 않아 노트북을 얹어놓을 테이블이나 의자가 없었다. 자연스럽게 방바닥에 앉아 이야기를 시작했다. 나는 양반다리를 하고 그 위에 노트북을 얹고 키보드를 치며 인터뷰를 했다. 이럴 때 셔츠 기장이 짧으면 보기 흉하게 위로 쑥 올라가버리는데, 그걸 가리느라 신경 쓰게 되면 정작 해야 할 일에 집중을 못 한다.

웬만하면 바지를 입지만 더위를 많이 타기에 여름에는 치마도 입는다. 대신 치마를 입을 때도 블라우스와 마찬가지로 얇은 소재는 피하고 뻣뻣한 면이나 데님 소재만 입는다. 노트북을 넣은 백팩을 메고 얇은 소재의 치마를 입으면 말려 올라가기 일쑤라서다. 취재를 마치고 집에 돌아오는 길

불타는 얼굴을 감당하고 싶지 않다면 청치마, 뻣뻣한 면 치마 등을 입는다.

한여름에 취재를 가도 샌들은 절대 신지 않는다. 취재장소에 어떤 변동이 생길지, 갑자기 어디로 이동하게 될지 알 수 없으니 맨발이 되는 상황만큼은 피해야 한다. 어느 무더운 여름, 샌들을 신고 뻣뻣한 면 원피스를 입고 취재를 나갔다. 인터뷰이와 사무실에서 이야기할 때까진 괜찮았는데, 그의 아내도 함께 이야기를 나누자며 자택으로 이동했을 때 나만 맨발로 낯선 이의 집에 들어가야 했다.

방문한 모든 사람이 양말에 운동화를 신고 왔건만, 나만 맨발에 샌들이었다. 초면인 사람들 앞에서 맨발을, 그것도 날씨를 고려하면 신나게 땀을 흘렸을 맨발을 내놓는 게 얼마나 부끄러웠는지 모른다. 좌식 테이블이 놓인 거실에 둥글게 둘러앉아 인터뷰이의 아내가 타온 커피를 마시며 이야기를 하는 내내 무릎 꿇은 자세로 맨발을 꽁꽁 숨기느라 진땀을 흘리고 있었다. 곁에 있던 사람들이 한마디씩 했다.

"작가님, 벌서는 것 같네요."

"맨발이 되게 부끄러운가 보네."

옴짝달싹 못 하는 내게 인터뷰이의 아내는 웃으며 편하게 발을 뻗으라고 제안했다.

"괜찮아요. 여름인데 뭐 어때요. 편히 발 뻗고 있어요."

그 말에 용기를 얻어 잠시 발을 뻗었는데, 동그랗게 둘러앉은 한복판에 내 맨발이 드러나자 사람들이 무의식중에 내 발을 보며 대화하는 상황이 발생했다. 서로 어색할 때마다 시선이 내 맨발에 몰리는 것을 감지한 뒤 참을 수 없어 다시 무릎을 꿇고 끝까지 버텼다. 자택에서 나올 땐 어찌나 땀을 흘렸는지 등판이 다 젖어 있었고, 오래도록 무릎을 꿇고 있었더니 다리에 쥐가 나서 벽을 잡고 걸어 나왔다. 사람들은 뒤에서 웃는데 나는 속으로 뼈아픈 다짐을 외치고 있었다.

'취재는 맨발 금지! 여름에도 맨발 금지! 맨발 금지!'

그날 이후 계절마다 신기 좋은 운동화를 꼭 구비해놓는다. 운동화는 최소 4켤레 정도 구비해놓는 편이다. 밑창을 제외하곤 전면이 매쉬로 되어 있어 통풍이 잘 되는 운동화 2켤레, 가죽이나 천 소재로 발이 편안하면서 적당히 보온이 되는 운동화 2켤레를 준비한다. 겨울에는 안감이 털로 된 운동화와 가죽이나 패딩 소재로 만들어진 워커도 각 1켤레씩 더 마련하고, 낡아 떨어지면 새로 사서 채운다. 그러니 취재를 위해 반드시 마련해놓는 신발은 총 6켤레다. 덧붙이자면 신문사를 다닐 땐 취재경쟁에서 내 발을 보호하기 위해 등산화를 자주 신었다. 이리 밀리고 저리 밀릴 때 발을 보호하려면 등산화만 한 게 없다.

여름철 빼놓을 수 없는 작업 복장으로는 방수가방이 있다. 비가 철철 내리는 날, 노트북 걱정을 덜기 위해 방수가방 하나쯤은 있어야 한다. 가방 전문 브랜드에서 나오는 노트북 가방은 웬만하면 생활방수 정도는 되고 수납도 좋다. 다른 여성 작가나 기자들은 뽀얗고 예쁜 가방을 들거나 현란하게 장식된 노트북 파우치를 들고 다니는 경우도 봤는데, 나는 그저 단단하고 방수가 잘 되고 어깨밴드가 푹신한 남녀공용 노트북 가방만 고집한다. 마치 장마와 멋을 맞바꾼 것만 같다.

겨울에는 미안한 작업복이 필요하다. 거위에게 정말 미안한 '거위털 패딩'이 겨울 작업복이다. 겨울철 취재지가 실내면 문제없지만 경우에 따라 바닷가로 가서 취재와 촬영에 참여하거나 차편이 닿지 않아 많이 걸어야 하는 취재장소라면 칼바람을 이길 재간이 없다. 이럴 땐 속에 겹겹이 입고 겉엔 무릎까지 길게 내려오는 패딩이 필수다. 언젠가 동물학

대와 관련된 책을 읽었는데, 털을 뽑히는 거위가 입을 쩍 벌리고 괴로워하는 사진이 실려 있었다. 그날 이후 거위털 제품과 가죽 제품을 안 쓰겠다고 다짐했지만, 한겨울 추위에 다짐을 꺾고 말았다. 긴 패딩을 두어 개 구비하고 번갈아 입으며 일을 나간다. 거위의 아픔으로 내 몸을 덥힌다고 생각하면 자신이 뻔뻔하게 느껴져 괴롭다.

이렇게 한 해 동안 고정적으로 입는 작업복이 있다. 평소 옷을 험하게 입는 편이라 필요한 작업복을 사놓고 한 계절이 지나면 잔뜩 헤져 있다. 신발은 1년 정도 신으면 나달거린다. 필요한 수량은 늘 비슷하기에 해마다 새 작업복을 채워넣는다.

이렇게 입는 차림새가 어찌 보면 수수하고, 오로지 신체 보호와 체온유지라는 목적만 달성하는 모양새 같기도 하다. 언젠가 일을 마치고 만난 지인이 질문한 적 있다.

"나는 작가나 기자가 취재를 나가면 트렌치코트 예쁘게 입고, 예쁜 구두 신고 나가는 줄 알았는데 아니네요. 그래도 이왕이면 잘 꾸미고 나가서 취재로 만나는 사람들에게 예쁜 모습으로 기억되고 싶지 않아요?"

지인의 말대로 마음만 먹으면 간만에 친구를 만나거나 데이트 나갈 때처럼 예쁜 구두에 귀여운 옷을 골라 입을 수도 있다. 그런데 그렇게 입는다 해서 취재원에게 예쁜 모습으로 기억될 거라 생각하진 않는다. 나는 지금도 내가 만난 취재원들이 무엇을 입고 나왔는지 잘 기억나지 않는다. 여전히 기억하는 건 그들의 옷이 아닌 얼굴, 눈빛, 웃음, 말투, 그 속에 빼곡한 진심이었다. 그 진심을 받아 적어 글로 만드는 나 역시 그들에게 옷보다 태도로 기억되지 않을까?

어제 오후 외출에서 돌아오며 여름을 느낀 나는 옷 정리를 했다. 여름 작업복을 꺼내 옷걸이에 걸고, 신발들을 점검했다. 경험하고 배운 만큼 낡아가는 작업복. 잠시 품에 안고 섬유 냄새를 맡았더니 손끝마다 힘이 솟는 기분이 들었다.

아마도 장비발

회사 돈이 아닌
내 돈으로 마련하는
장비들

　'글'이 주 업무긴 해도 현장에서 사진을 종종 찍는다. 신문사에서 일할 때 보도사진을 직접 찍은 경력이 있고, 개인적으로 사진 찍기를 즐기기 때문에 클라이언트가 촬영을 함께 요구할 때 거리낌이 없다. 다만 무안한 점이 있다면 내 카메라가 그다지 멋있는 기종이 아닌 덕에 촬영 요구를 받았을 때 "제 카메라 기종이 이러이러한데 괜찮겠냐."라고 되레 양해를 구하게 된다는 것이다. 전문가 수준의 촬영이 필요할 때는 클라이언트가 알아서 전문 포토그래퍼를 섭외하지만, 그럴 때가 아니라면 아담한 내 카메라가 취재에 부끄럽게 동행한다.

회사를 다닐 때는 이런 질문을 꺼낼 일이 없었다. 어느 회사에 다니든 번듯한 카메라 한 대쯤은 있게 마련이었고, 당장 탄환이 튀어나갈 듯한 대포형 렌즈가 수두룩하게 마련되어 있었다. 어느 현장에 가든 회사 카메라가 뿜어내는 '멋'은 내 자신감까지 살려주곤 했는데, 프리랜서가 되면서는 오로지 내 소유의 카메라가 자신감에 부채질을 해주곤 했다.

문제는 내 카메라가 몸집을 바꾸면서였다. 20대부터 고질적으로 괴롭히던 어깨 통증이 30대가 넘어가면서 부적 심해지더니 결혼 후에는 말도 못 하게 아파왔다. 8년 가까이 사용한 내 소유의 DSLR은 성능에 무리가 없었고, 늘 좋은 결과물을 냈지만 카메라와 가방 거기에 노트북까지 함께 메고 나가는 날이면 어깨는 종일 비명을 질렀다.

도무지 참기 어렵다고 느낀 무렵 정든 카메라를 처분하고 아주 작고 콤팩트한 사이즈의 카메라를 구입했다. 과거 사용하던 DSLR에 비해 성능이며 표현력이 한참 떨어지는 카메라였지만 별 수 없었다. 그 덕에 나는 어쩌다 촬영을 겸하는 취재 때마다 내 카메라의 비루한 실력을 미리 고백하고 어떻게든 결과물을 쥐어짜내야만 했다. 그런 날이면 집에 돌아가는 길에 속으로 탄식했다.

'프리랜서 생활은 진정 장비발인가.'

그러다 부실한 장비발이 정점을 찍는 날이 오고야 말았는데, 재작년쯤 사업설명회 취재 현장에서였다. 촬영을 병행해야 했던 그날 역시 "제 카메라가 이러이러한 수준인데 괜찮겠냐."라고 양해를 구한 뒤 현장을 방문했다. 실내는 어두웠고, 강단 위 화면만 밝았다. 발표자의 얼굴과 제스처를 찍으려면 플래시를 터뜨려야만 했다. 그런데 부실하게 몇 년 버텨오던 플래시가 하필 이날 돌처럼 굳어 터지지를 않았다. 꾸역꾸역 찍기는 했는데 집에 돌아와 사진을 보니 흔들리고 어둡게 찍힌 게 대부분이라 건질 만한 게 없었다. AS센터에 문의했더니 수리비가 적지 않았다.

한 달쯤 고민 끝에 카메라를 새로 샀는데, 그게 지금 사용하는 미러리스 카메라다. DSLR보다 훨씬 가볍지만 성능은 조금 부족하고, 고장 난 일반 디카보다는 월등히 뛰어난 카메라를 거금을 주고 구입했다. 카메라를 구입하던 날 다시금 탄식했다.

'프리랜서 생활은 진정 장비발이 맞구나.'

몇 년 프리랜서로 살아보니 장비로 면을 세우는 게 사실이었다. 카메라 기종이 좋지 않으면 취재현장을 갈 때마다 모호한 자세로 양해를 구하게 되고, 현장에 가져가는 노트북이 말썽이라도 나면 대책이 없었다.

또 장비발의 핵심은 바로 내 돈으로 산다는 것. 내 자신감을 부추기던 먼 옛날의 카메라와 렌즈는 회사 소유였고, 신문사에 다닐 때는 아이패드와 블루투스 키보드를 늘 신형으로 챙겨 받았다. 회사 책상이며 소모품도 당연히 회사가 사주고, 책상 의자가 늘어진 느낌이 들면 비품을 요청해 즉시 탱탱한 의자를 받을 수 있었다. 어디 그뿐인가. 컴퓨터가 고장 나면 전산팀에서 달려와 손을 봐주고, 컴퓨터 기종이 낮거나 부실하다 느껴지면 얼마든지 새 것으로 받을 수 있던 정규직 시절. 일하는 자의 면을 세워주는 정규직의 장비발은 회사 돈으로 누리는 '탕진잼'이었다.

하지만 프리랜서의 장비발은 내 주머니에서 나온다. 지금 사용하는 노트북은 재작년에 조금 높은 가격에 구입했고, 카메라도 재작년에 구입했다. 노트북 키보드의 키감이 좋지 않아 키보드는 따로 구입해 쓰고 있고, 서재에서의 작업을 편히 만들어주는 더블 모니터는 이사 온 뒤 몇 달쯤 지나 구입했다. 내가 사용하는 마우스는 조금 독특하게 생겼는데 손가락 통증이 심해진 무렵 보통의 무선마우스 몇 배의 가격을 주고 산 것이다. 인터뷰 자리에 종종 가져가는데 보는 사람마다 신기해 한다.

"호, 이런 마우스도 있나요? 신기하네요."

"오, 이 마우스는 어떻게 사용하는 거죠?"

그럴 때면 살짝 으쓱해 하며 마우스를 설명해준다. 독특한 모양새로 미약한 장비발을 세우는 데 요긴한 마우스는 손가락 통증을 줄이는 데도 한몫했다. 손목 받침대는 적당히 저렴한 제품으로 쓴다.

업무에 주로 사용하는 기기와 제품은 이 정도인데 위에 적은 것들의 가격을 합치면 족히 수백이다. 이 수백의 '탕진잼'이 내 주머니에서 술술 나간다는 것을 생각하면 정규직 시절보다 억울한 나날이다. 그래도 어쩌겠는가. 내가 선택한 이 길에서 누구의 장비를 쓸 수 있겠는가.

그렇다 보니 한 번 살 때 충분히 고민한 뒤에 구입하고, 쓰면서 탈이 나지 않도록 잘 관리하는 게 중요하다. 그런데 얼마 전 웃지 못할 일이 생겼다. 업무 담당자와 인터뷰이의 자택으로 방문한 날이었다. 자택에는 나와 업무 담당자, 인터 뷰이, 일을 도와주시던 도우미 한 분 이렇게 넷이 있었다. 나는 그 댁의 좌식 탁자에 노트북을 놓고 대화를 하며 워딩을 치고 있었는데 도우미께서 뭐라도 마시며 하라고 탁자 귀퉁이에 주스 한 잔을 놓고 가셨다.

그런데 어찌된 일인지 좌식 탁자의 한쪽 다리가 슬그머니 접히고 말았다. 아마도 사용한 지 오래되어 종종 고장이 나던 탁자가 아니었을까 한다. 어쨌든 탁자 다리가 접히면서 주스가 내 노트북 위로 널리널리 퍼졌다. 그 순간이 내 눈에는 아주 운명처럼, 인생의 극적인 순간에 펼쳐지는 슬로우 동작으로, 머릿속이 하얘지면서, 그렇게 주스가 노트북 위로 "나는 액체다!"를 외치며 포효하듯 엎어지는 것을 목격했다.

'아! 망했다!'

그리고 그 집 안에 있던 네 명은 이 사태를 수습하기 위해 난리법석을 피우기 시작했다. 일단 나는 급히 노트북 위의 주스를 탁자 위로 쏟아내고 가방에서 물티슈를 꺼내 전원 부분을 닦았다. 동행한 업무 담당자는 이리 뛰고 저리 뛰며 휴지를 찾았고, 왠지 자기 소유의 탁자가 말썽을 부린 게 미안했는지 인터뷰이의 당황한 목소리가 울려 퍼졌다. 친절한 마음으로 주스를 갖다놓았던 도우미는 이 사단이 자신이 갖다놓은 주스 때문이라고 생각했는지 종종걸음을 치며 바닥을 치웠다. 그리고 모두 자신을 탓하며 한마디씩 했다.

"아유, 기자님 어떡해요. 죄송해요. 왜 하필 오늘 탁자가 이 모양이지. 이를 어쩌나."

"아니에요. 제가 괜히 주스를 드려서. 끝나고 드릴 것을. 제가 죄송해요. 아휴, 이를 어째."

"기자님 괜찮으세요? 혹시 고장 났으면 저희 쪽에서 보상해드릴게요."

"아니에요. 제가 보상해야죠. 제가 주스를 드려서…."

"아이구, 무슨 말씀이세요. 왜 도우미분께서…."

"그나저나 기자님 많이 놀라셨겠네요. 괜찮으세요?"

난리법석 속에 모두가 내게 괜찮은지 묻고 어떻게든 보상하겠다며 아우성치는데 내가 할 수 있는 말은 사실 하나밖에 없었다.

"저는 괜찮아요!"

사실은 하나도 괜찮지 않았다. 속으로는 당장 내일 해야 될 취재는 어쩌나, 수리비는 얼마가 나올까, 아예 고장 나서 못 쓰게 되면 어쩌나, 이 안에 저장된 게 뭐가 있었나, 오만 생각에 넋이 나간 상태였다.

우여곡절 끝에 자리를 정리하고 업무 담당자와 차에 탔는데 차 안에서는 담당자의 걱정과 사과가 5분 정도 이어졌고, 머릿속에 폭탄이 떨궈진 나는 제대로 대답도 못 한 채 다음 목적지로 이동했다. 내가 정규직으로 장비 탕진잼을 즐기는 입장이었다면 "이까짓 거, 바꾸면 되죠!"라고 할 법한데, 내 주머니에서 탕진 아닌 탕진을 하는 프리랜서이기에 속으로 '제발, 고장 안 나게 해주세요.'라고 평소 빌지도 않던 신에게 아부를 떨고 있었다.

다행히 노트북은 이후 별 일 없이 잘 쓰고 있다. 아찔했던 그날은 지금 생각하면 시트콤의 한 장면과 같다. 어쨌든 프리랜서의 장비발은 자기 주머니 사정에 달려 있고 어떤 장비를 갖추느냐에 따라 많은 상황이 펼쳐진다는 것, 다시금 상기하게 된 유쾌한 기억이다.

수정은 이제 그만

수정 요청을
감당할 수
있겠습니까?

    타인의 마음에 쏙 드는 글은 어떻게 쓸 수 있을까? 책을 읽거나 웹 콘텐츠를 둘러보면 내 마음을 술렁이게 혹은 따사롭게 만드는 글이 무궁무진하게 많은데, 그렇다면 내 글도 누군가를 술렁이고 따사롭게 할 힘을 갖고 있을까?

    프리랜서 작가 겸 기자로 일하며 타인에게 '고료'라는 이름의 '글값'을 받는다. 하얀 바탕에 주로 검은색으로 적어낸 글은 형체가 없는 나의 감정, 지식과 경험을 갈아 넣어 만드는 창작물이다. 갈을 때마다 나는 닳는다. 그래도 성취감이 말도 못 하게 높은 직업임은 분명하다.

그런데 그 성취감이 내게만 국한되면 문제다. 고료를 지불한 타인, 클라이언트의 마음에 쏙 들어야만 성취감이 충족된다. 나만 흡족하고 클라이언트는 덜 흡족하다면 고료를 주고받는 게 떨떠름한 사이가 되고 만다. 다시 말해 타인의 마음을 술렁이게 할 좋은 글을 제출하면 편한 마음으로 고료를 받을 수 있고, 안간힘을 써도 타인의 마음에 노크조차 못 하는 글은 고료를 받기까지 상당히 험난해진다.

이왕이면 전자의 경우만 일어나길 기원한다. 수정 없이 시원하게 진행되는 작업이 당연히 편하다. 그렇다 해도 글을 쓰는 작업에서 수정은 절대 피할 수 없는 과정이다. 인터뷰 원고든, 칼럼이든, 혹은 클라이언트가 원하는 형식의 스토리 작업이든 수정은 반드시 필요하다. 편한 마음으로 쓰는 개인적인 에세이만 해도 두세 번쯤 수정을 한다.

글의 수정은 색조 메이크업과 같다. 스킨케어 제품과 선크림만 발라도 외출은 할 수 있지만, 색조 메이크업을 살짝 얹었을 때 외출에 자신감이 붙는 것과 매한가지다. 수정이 없다면 글은 한없이 부끄럽고 연약하다. 또 수정 과정에서 타인의 의견이나 조언이 들어가는 것 역시 부끄러울 일이 아님을 알고 있다. 마찬가지로 얼굴에 비유를 한다면 약속 장소에서 만난 친한 친구가 "어머, 아이라인이 번졌는데 수정하면 어때?" "입술이 좀 텄는데 내 립밤 한번 발라볼래?"와 같이 조언해주는 것과 결이 비슷하다.

그럼에도 수정 작업이 간혹 뼈아플 때가 있다. 꽤 오래전 다니던 잡지사에서 공공기관의 사보를 맡았을 때였다. 이리 보고 저리 보며 열심히 작업한 사보 작업물이 번번이 퇴짜를 맞아 돌아왔고, 깨알 같은 수정사항이 들려 있었다. 수정사항은 정말 가관이었다. 주로 자간, 행간에서 mm 단위의 차이를 좁히라든가, 어느 날은 영단어의 첫 자를 전부 대문자로 며칠 후에는 다시 소문자로 변경하라든가, 아무리 고쳐도 답답한 수정 요청이 몇 주씩 지속되었다. 작업 프로그램 특성상 영단어의 자간이 자동으로 멀어지는데, 클라이언트가 그것을 하도 싫어하기에 디자이너가 영어 스펠링을 한 자씩 그려 넣은 적도 있었다.

수정을 거듭하던 날 중, 몹시 답답한 나머지 상사와 함께 클라이언트를 찾아간 적이 있었다. 회의실에서 사보 담당자들을 먼저 만나 인사를 나누고 있으니 잠시 후 최종검토자가 등장했다. 직급이 높은 모양인지 담당자들은 허리를 힘껏 굽혀 인사를 했다. 놀랍게도 그는 30cm 자와 빨간 펜 한 자루를 들고 등장했다. 선량한 인상의 최종검토자는 우리가 수정해온 사보의 인쇄본을 펼쳐놓고 즉시 자를 들이댔다.

"여기 1mm 줄여주세요."

"이 부분, 영단어의 간격이 다른 데랑 조금 다른 것 같네요. 물론 1mm씩 차이 나는 건 아니지만 느낌상 넓은 것 같군요. 왠지 느낌상 말이죠."

"지난번에 행간이 넓어 보여서 줄여달라고 했는데, 줄여보니 좀 답답해 보이는군요. 다시 늘려주시죠. 행간을 늘려도 페이지마다 구분한 단락이 바뀌는 건 싫습니다."

최종검토자의 촘촘하면서도 혈압을 강타하는 검토 과정을 나와 상사, 사보 담당자들은 진땀 흘리며 지켜볼 수밖에 없었다. 간혹 요구사항을 받아들이기 어려운 지점에서 수정이 어려운 이유를 설명해도 "그래도 싫습니다."로 딱 잘라 말하는 최종검토자에게 방문한 외주업체 직원으로서 묘안은 없었다. 한참을 점검하고 최종검토자가 회의실을 나가자 담당자들은 동시에 한숨을 쉬었다. 그리고 나와 상사의 손을 잡고 사과하기 시작했다.

"정말 죄송합니다. 원래 이런 분이 아닌데 이번 사보에 신경을 많이 쓰셔서 그래요."

"저희도 잘 말해볼 테니 이번 수정만 잘 부탁드립니다."

사과인지 악수인지 모를 손길을 받았고, 마지막이란 생각으로 수정사항을 받아들였지만 예상대로 그 수정은 마지막이 아니었다. 당시 그 사보는 수정만 두 달 가까이 진행되었다. 나는 밤샘작업이 겹치는 바람에 회사 앞 찜질방에서 씻고 나와 다시 일하는 무한반복을 견뎌야 했다.

지난해에는 웹 콘텐츠 제작 의뢰를 하나 받았는데 검토를 넘기면 항상 수정사항이 7개씩 넘어온 적이 있었다. 신기할 정도로 매번 7개였다. 업무 의뢰를 도와준 쪽에 슬쩍 문의를 하고 나서야 그 이유를 알았다. 클라이언트 측 콘텐츠를 담당하는 팀의 팀원이 총 7명인데, 콘텐츠가 넘어가면 각자 한 가지씩 수정사항을 말해야 한다는 거였다.

"수정할 게 없거나 아주 마음에 들어도 7개의 수정사항이 나오나요?"

"보통 다 같이 회의실에서 하나씩 문제점을 짚어내고 수정사항을 요청하는데, 누구 하나만 고칠 게 없다고 어떻게 말할 수 있겠어요? 혼자 튀면 안 되니까 뭐라도 찾아내는 거겠죠."

글을 쓰는 사람이나 검토해서 수정을 요청하는 사람이나 피곤한 상황이었다. 하지만 사람이 하는 일이기에, 결국 내 안의 무언가를 갈아 쓰는 글이기에 상대가 만족할 때까지 열심히 쓰고 고치는 수밖에 없다. 이럴 때마다 클라이언트의 마음에 쏙 들고 싶다는 생각을 자주 한다. 클라이언트의 마음에 쏙 드는 글을 쓴다는 건 연애나 썸보다 어렵다. 그들의 사고방식, 살아온 역사, 검토하는 날의 기분에 따라 평가가 달라질 수 있음을 잘 알고 있다.

그래도 글 쓰며 먹고산 지 오래되어서인지 최근 몇 년 사이에 클라이언트들은 내 글에 대체적으로 호평을 해왔다. 일단 함께 일을 하면 한두 번의 업무로 끝내지 않고 종종 연락이 왔고, 프로젝트가 새로 시작되면 먼저 제안이 들어왔다. 결과물이 좋았다며 감사의 메일이나 성의표시를 하는 곳도 적지 않았다. 그런 날들이 겹쳐지며 내가 그들 마음에 근접하게나마 쓰고 있다고 짐작할 수 있었다. 그렇게 몇 년씩 함께 업무를 이어가는 기업, 기관이 지금도 여럿 있다.

이 평온한 날들 가운데 수정의 압박에 감정이 으스러지는 경험을 최근 겪었다. 평소와 같이 의뢰를 받은 웹 콘텐츠였다. 작업사항을 꼼꼼히 읽었고, 긴 시간 책상에 앉아 작업한 글이었다. 처음으로 함께 작업하는 기업이었지만 수정 단계는 당연지사. 요구사항이 있으면 최대한 맞춰서 수정하면서 꼼꼼하게 살펴보면 될 일이었다.

밤 12시, 메일 알람이 딩동 울렸다.

'외국이 아니고서야 이 시간에 메일을 보낼 곳이 없는데.'

우선 핸드폰에서 메일을 열어본 나는 벌어진 입을 다물 수 없었다. 늦은 시간 클라이언트가 메일로 요청한 수정사항은 A4 한 페이지는 족히 넘을 분량이었다. 콘텐츠 전체 분량이 A4 3장이 넘지 않았던 것을 생각하면 수정사항이 꽤 많았다. 입을 벌린 채 하나씩 읽어봤다. 수정을 요구한 내용이 납득의 선을 넘는 게 하나도 없었다. 사전을 미리 찾아보고 정확히 사용한 단어를 '오탈자'라고 명하며 고치라든가, 의학사전을 참고한 내용을 더 자세히 적어달라든가, 저작권법을 어기더라도 특정 사진을 넣어달라는 등의 요청은 도무지 받아들이기 어려웠다.

그런 데다 수정 요청은 매번 자정 무렵에 메일로 도착했다. 그 바람에 늦은 밤 핸드폰에서 무슨 소리만 나면 화들짝 놀라 벌떡 일어나곤 했다. 잠들기 위해 침대에 누웠다가 울리는 메일 알람에 머리카락이 쭈뼛 서는 경험도 몇 차례 이어졌다. 메일을 읽으며 나도 모르게 혼잣말이 흘러나왔다.

"수정은 그만…. 수정은 이제 그만…."

어쨌든 원하는 바에 최대한 맞추는 수정 역시 내 업무다. 다음 날 끙끙대며 수정을 해서 넘겼고, 다시 철철 넘치는 수정사항이 되돌아오는 작업이 반복되었다. 게다가 저작권이나 의학용어 등은 수정이 불가하다고 설명한 데서 클라이언트의 기분이 상한 모양이었다. 수정 요청이 되돌아올 때면 집중이 되지 않는 글이다, 전문성이 떨어진다, 마음에 들지 않는다, 저작권이 어떻든 내가 원하는 걸 왜 안 하냐는 등의 말들이 군데군데 들어 있는 메일을 읽으며 마주하고 싶지 않았던 지점에 이르렀다.

'나는 클라이언트의 마음에 드는 글을 쓰지 못했구나.'

클라이언트의 마음에 들지 않았다는 이유로 나는 힘없는 '을'이 되고 말았다. 메일에는 차마 굴욕스러워 옮기지 못한 말들도 있었다. 고료를 지급하는 갑의 마음에 쏙 드는 글을 써야 하는 을은 따져 물을 입장이 아니었다. 중간에서 업무를 연결해준 이들의 입장을 생각해서라도 따지거나 화를 낼 수 없었다.

　수정과 비난이 반복되었던 어느 밤, 무슨 설명을 전하든 기분 나빠하며 시키는 대로 하라는 갑의 메일을 재차 읽었다. 그리고 을의 입장으로 내 입지에 대해 곰곰이 생각해봤다. 클라이언트가 무례한 말을 수없이 내뱉어도 나는 꼿꼿이 예의를 지켜가며 조심스레 회신을 했고, 그리 해야 옳다고 믿어왔다. 얼굴 붉힐 일을 만드느니 조금만 더 참으면 좋아질 거라 믿었다. 하지만 긴장과 수정에 매달리던 나는 오래전 30cm 자와 빨간 펜에 당혹스러웠던 때와 같은 얼굴을 하고 있었다. 이후 긴 시간 성장했다고 믿어왔건만 클라이언트 앞에서 속수무책으로 말수를 줄여야 하는 나의 민낯을 보고 말았다.

　결국 프리랜서 활동 중 처음으로 작업을 포기했다. "원하시는 작가 타입에 제 역량이 부족한 것 같다."라며 끝까지 조심스러운 회신을 보냈다. 당연히 그동안 원고를 쓰고 수정하느라 고생한 값은 받지 못했다. 그래도 절반의 수확은 있었다. 프리랜서로 고용된 자로서 시키는 대로 쓰는 을로 살지 않기 위한 첫걸음을 뗐으니 말이다.

비수기와 성수기

일이
적을 때와
많을 때

　프리랜서로 일하는 사람이라면 초특급 인기를 구사하지 않는 한 대부분 비슷한 고민과 걱정을 안고 산다.

　'이러다 일이 끊기면 어쩌지?'

　일이 있든 없든 사무실에 책상 하나 차지하는 정규직과 달리 프리랜서는 프로젝트의 기간, 성향에 따라 일감이 고무줄처럼 줄기도 늘기도 한다. 가만히 있어도 안정적으로 일감이 떨어진다면 참 좋겠지만 취업난이 하늘을 찌르는 마당에 프리랜서라고 해서 늘 누군가 밥그릇을 채워주진 않는다. 게다가 나처럼 작가 겸 기자로 일하는 프리랜서는 생각보다 많아서 그 안에서 고료가 천차만별이고 경쟁도 은근히 심한 편이다.

　나는 프리랜서로 전환하고 첫 시작이 나쁘지 않았다. 두 업체와 일을 시작했는데 한 곳은 1년, 한 곳은 1년 반 동안 함께 일했다. 보수도 적지 않아서 두 업체와 여유롭게 일하면서도 정규직으로 일할 때보다 훨씬 많이 벌 수 있었다. 함께 일하는 담당자들과는 큰 문제가 없으면 몇 년이고 지속될 것처럼 사이가 좋았다. 그 여유를 빌어 첫 에세이를 쓰기 시작한 무렵도 이때다.

　불안과 걱정이 시작된 건 그 이후였다. 1년간 계약한 곳은 계약기간 만료와 동시에 서비스를 종료했다. 작가를 교체한 게 아니라 서비스 자체를 정리했다. 1년 반 동안 일한 곳은 브랜드와 사업 규모를 축소시키는 바람에 내 업무도 사라졌다. 1년 반 만에 다시 일감을 그러모아야 할 단계로 돌아온 것이다.

　이력서를 수정해 구직사이트에 올리고 새 클라이언트를 찾아보기로 결정한 밤, 나는 잠을 이룰 수 없었다. 프리랜서 생활을 결정한 직후처럼 새벽까지 속이 울렁거렸다.

'고작 하루 만에 무너질 만큼 내 멘탈이 약한 걸까?'

오랜만에 느껴본 불안과 일을 오래 쉬게 되면 수입이 줄어들 걱정으로 마음속에 먹구름이 흐르는 바람에 며칠 동안 불면증에 시달렸다. 사실 정규직을 포기했을 때 상상한 미래 중 일이 끊기는 상황도 포함되어 있었다. 비록 불안정하더라도 감수하자며 시작한 프리랜서 생활이었는데 막상 닥쳐보니 멘탈은 뜻대로 움직이지 않았다.

불안한 시기는 오래가지 않았다. 일주일쯤 지나니 이력서를 보고 연락 주는 업체들이 있었고, 마음에 드는 공고에 지원해 미팅도 몇 번 잡았다. 이후 5년간 일 없이 지낸 시간은 길어야 2주 정도였다. 나는 이때를 '비수기'라 말한다.

내 경우 비수기는 짧으면 1주 정도, 길면 2주 정도 찾아온다. 몇 년간 이 생활을 해왔지만 여전히 그 틈에는 불안과 걱정이 깃든다. 또 이 시기에는 불안한 나머지 자꾸 좋지 못한 결정을 하게 된다. 마음이 급해져서 내 조건과 성향에 맞지 않는 제안을 덥석 물고는 내내 고생하다 프로젝트가 끝나는 순간 날아갈 듯 기뻐하는 일이 벌어진다. 몇 번 그런 경험을 하고 나니 이제는 나와 맞지 않는 일을 보는 안목이 생겼고, 괜한 흥정으로 서로의 감정이 상하기 전에 웃으며 거절하는 습관도 들었다.

불안과 안도가 수없이 반복되는 생활에서 이제는 일감이 뜸한 찰나를 만나면 모처럼의 휴가를 보낸다. 평일에는 거리가 먼 미술관을 가거나 한동안 얼굴을 못 본 친구들과 식사 약속을 잡는다. 고향인 인천은 왕복 4시간의 거리라서 고향 친구들을 만나러 짧은 여행길에 오르는 것도 이 무렵에 시도한다. 손을 움직여 무언가 만드는 취미생활로 소소한 보람을 느끼고, 싱크대와 베란다 구석구석 먼지를 닦아가며 밀린 청소도 한다. 그렇게 평소와 다른 공기를 마시고 있노라면 얼마 안 되어 함께 일하자는 누군가의 노크가 들린다. 불안과 걱정에서 완전히 자유로워지진 않았지만 몇 해 전과 비교해보면 비수기에 대처하는 마음이 조금씩 단단해지고 있다.

반대로 일이 몰리는 '성수기'에는 번아웃을 예방하기 위한 단단함도 필요하다. 일이 끊길 것을 두려워한 나머지 제안이 들어오는 족족 받아들이는 때가 있다. 일을 쉰 기간을 경험했거나 프리랜서 생활 초반이라면 누구나 그럴 만하다. 나중 일은 나중에 생각하자며 무조건 '예스(Yes)'를 남발하다 보면 도무지 해결되지 않는 일정에 눌려 컨디션과 업무 수준 둘 다 떨어지기 십상이다.

겨울이 시작되던 재작년 11월 무렵의 내가 그랬다. 당시 1년 가까이 진행하던 프로젝트가 총 3개였다. 11월은 공공기관과 공기업들이 한 해 동안 있었던 성과를 사례집이나 기록으로 남기는 데 총력을 기울이는 시기다. 기존에 지속하던 프로젝트 3개에 새로 들어온 공공기관의 사례집 2개까지 총 5개를 맡게 되었다. 프로젝트 내용이 마음에 들어 해보고 싶기도 했고, 고료도 괜찮았다. 거절을 못하는 성격이라 추가된 업무까지 듬뿍 받았다.

그리고 어떻게든 해내면 된다는 생각으로 받은 업무량에 잠을 줄여가며 일을 해치웠다. 평일에는 인터뷰와 취재에 집중하고, 집에 돌아와 새벽까지 글을 쓰고 주말에도 내내 원고 마감을 했다. 하루에 4시간 정도 자면서 일을 하며 연말을 보냈고 1월 말까지 바쁜 일정이 이어졌다.

그 과정에서 남편에게 짜증을 내는 일이 빈번해졌고, 레토르트식품을 자주 먹었고, 독감까지 걸렸다. 전화는 매일 쉴 새 없이 울려대고, 확인하고 회신할 메일은 언제든 쌓여 있었다. 이때 정신없는 나머지 실수라도 할까 봐 온 신경이 곤두서 있었다. 그때의 나는 탈진한 고슴도치와 같았다. 대신 바쁜 일정들을 마무리 짓고 통장을 확인해보니 잔고는 확실히 화려했다.

고된 시간을 지나고 나니 이렇게 치열하고 싶어서 선택한 프리랜서 생활이 아니라는 점을 다시금 상기하게 되었다. 남편과 건강하게 저녁밥을 지어 먹고, 아플 땐 푹 쉬고, 어쩌다 홀쩍 지하철을 타고 돌아다니는 나들이에 설레던 프리랜서 생활에 일 욕심을 더하니 여간 힘든 게 아니었다.

이후로는 잠시 비수기를 겪더라도 일에 너무 욕심내지 않도록 조심하고 있다. 언제 번아웃이 찾아올지 모르고, 벼랑 끝을 조심조심 걷는 부자보다 평탄한 길을 걸으며 날 좋으면 잠시 쉬었다 가는 평범한 소시민으로 살고 싶다. 맡은 일이 많으면 좋은 제안이 들어와도 적당한 수위를 조절한다. 도무지 거절이 어려운 경우엔 주말에 짬을 내서라도 일을 맡지만, 웬만하면 주말의 휴식을 일에게 양보하진 않는다.

프로젝트가 마무리될 땐 일하는 내내 닦달하고 아무리 나를 힘들게 한 담당자라도 웃으면서 덕담을 나누고 후일을 약속한다. 그런 관계를 이어가야 비수기 없이 꾸준한 성수기가 이어진다. 특별한 악인이 아니고서야 웬만한 사람들은 함께 일하며 정들고 막역해지니 억지로 노력하지 않아도 좋은 관계로 남는 건 어렵지 않다.

그렇게 프리랜서로 사는 내내 비수기와 성수기는 수없이 교차한다. 이 삶은 늘 계획대로 흐르지 않고 예상치 못한 곳으로 가지를 숱하게 뻗어가기에 풍성한 나무로 자란다. 풍성할수록 비수기의 혹독함에 덜 흔들리고, 성수기의 고단함에 쉬어갈 수 있다. 이렇게 마음먹기까지 5년이 걸렸지만 여전히 흔들거리는 나는, 프리랜서로 사는 평생 풍성하게 자라기 위해 무던히 애써야 할 것이다.

초보 강사 도전기

프리랜서의
겸직은
무제한

'작가로 일하면서 쌓은 노하우를 활용해 또 다른 직업을
가져보면 어떨까?'

지난 연말에 떠올린 생각이다. 오랫동안 간절했던 작가의
삶이 오롯이 나만의 꿈은 아니었다. 글쓰기 플랫폼을 봐도
그렇고, 주변 사람들과의 대화 중에서도 다수의 사람들이
자신의 이야기를 글로 옮겨 작품으로 만들고픈 소망이 어렵
지 않게 드러난다. 그 소망을 실천해본 내가 경험을 기반으
로 노하우를 전할 수 있다면 좋겠다는 생각이 들었다. 그로
인해 직업의 폭이 넓어질 수 있다면 나를 성장시키는 계기

가 될 거라 생각했다.

이 역시 프리랜서이기 때문에 자유롭게 떠올린 생각이다. 프리랜서는 직업이 몇 개든 무관하니 말이다. 보통의 회사들이 요구하는 '겸업금지'가 통하지 않는 영역이 프리랜서다. 종종 클라이언트 측에서 "우리와의 일을 최우선으로 해주세요." "스케줄은 우리 쪽에 맞춰주세요."라고 요구할 때가 있지만 프리랜서로 일하는 사람이 무슨 일을 하든 그들이 못 하게 할 도리는 없다.

나 역시 굳이 나누자면 직업이 작가와 기자, 두 가지다. 기자로서 취재를 하고 인터뷰를 해서 기획기사를 쓰는 업무가 있고, 경험과 감성을 담아 카피라이팅을 하거나 스토리텔링을 진행하는 업무도 있다. 여기에 세 번째 직업으로 글쓰기 노하우를 살린 강연자가 되는 것, 이것이 올해 들어 새로 생긴 목표였다.

일단 강연을 하자고 마음은 먹었는데 어디서 강연을 할지, 누가 나를 강사로 써줄지 알 수 없는 망망한 백지상태였다. 나의 첫 책이 결혼 에세이였기 때문에 공감대를 주부, 유부녀로 잡고 그들이 즐겨 찾을 만한 곳으로 백화점이나 대

형마트에 속한 문화센터를 떠올렸다. 검색해보니 문화센터마다 강사신청을 하는 페이지가 있었다. 이력서와 경력기술서, 강의계획서 등을 넣어 신청하면 심사를 받아 강사로 등록할 수 있었다.

이력서와 경력기술서는 기존에 업데이트하던 내용이 있다지만 강의계획서는 한 번도 써본 적이 없었다. 강의를 꽤 나가본 누군가가 "날 따라 써보렴." 하고 강의계획서를 공개해준다면 절이라도 하고 싶은 심정이었지만, 그런 일은 결코 일어날 리 없었다.

나는 다시 망망한 한글 프로그램을 띄우고 내 식대로의 강의계획서를 쓰기 시작했다. 말 그대로 강의계획서다. 어떤 강의를 할지 일목요연하게 작성한다면 형식은 중요치 않을 거라 스스로 다독이며 한 줄씩 써내려가기 시작했다.

내가 저녁을 준비할 시간을 앞두고 거실의 책상 한편에서 처음 글쓰기를 시작했듯, 평범한 주부들이 자신만의 에세이를 쓸 수 있는 강의를 하고 싶었다. 일상은 평범하지만 그들의 이야기는 모두 특별하고 반짝일 수밖에 없음을 나는 잘 알고 있었다. 그런 마음을 담아 강의 제목을 정하고, 어떤 목표와 결과를 기대하는 강의인지 학습목표를 잡았다.

구체적으로 진행할 강의내용을 상세히 적고 강의에 필요한 장비 혹은 기자재, 수강생 준비물을 적어 간략한 강의계획서를 만들었다. 그리고 집에서 가장 가까운 문화센터를 찾아 강사신청을 넣었다.

이렇게 글로 옮겨보니 강사신청 과정이 꽤나 순탄해 보이지만, 강의라고는 해본 적도 없고 사람들 앞에 선 경험이라고는 소규모 북토크밖에 없던 내가 용기를 쥐어짜내 강의계획서를 써가며 강사신청 버튼을 누르기까지는 꼬박 이틀의 시간과 부들거리는 불안이 덧붙었다. 이렇게 시간과 감정을 들여 도전했지만 거절이라도 당하면 어쩌나 걱정이 이만저만이 아니었다.

'강의계획이 부적합하다고 날 거절하면 어쩌지? 하긴 경력도 없는 나를 강사로 받긴 어렵겠지. 아냐, 생각해보면 모든 사람이 처음부터 경력이 있는 건 아니지. 내가 강사로 나갈 가능성은 얼마나 될까…'

강사신청을 하고 약 2주 정도의 시간이 흘렀을 때 모르는 번호로 전화가 걸려왔다. 내가 지원했던 문화센터의 매니저였다. 매니저는 일단 만나서 강의계획에 대해 자세히 들어

보고 싶다고 했다. 나는 뛸 듯이 기뻐하며 약속을 잡았다.

며칠 뒤 약속된 날짜에 문화센터에 방문했다. 카운터에서 상담 중이던 중년의 여성이 나와 통화했던 매니저였음을 한눈에 알 수 있었다. 다가가 인사를 건네자 그녀는 활짝 웃으며 나를 사무실로 안내했다. 사무실에 들어서자 매니저는 차를 권했다.

"우리 사무실에 있는 차는 다 맛있어요. 오늘 날이 쌀쌀하니 생강차도 좋고, 허브차도 있고, 유자차도 맛있어요."

"그럼 생강차 한잔 부탁드릴게요."

"역시 맛있는 차 고를 줄 아시네요. 여기 있는 차 중에 생강차가 제일 맛있어요."

"아, 특별한 생강차인가 봐요?"

"그럼요, 특별하죠. 내가 만들었거든요."

빙그레 웃는 매니저의 얼굴을 보며 긴장했던 마음이 조금씩 자리를 잡았다. 좋은 예감도 들었다. 맛있는 생강차를 앞에 두고 매니저와 대화를 시작했다. 심심해 보였을 거라 생각한 강의계획서가 매니저의 마음에 든 모양이었다.

"우리 문화센터 강의에 글쓰기 강의를 꼭 진행해보고 싶었는데, 마침 선생님이 강사로 신청해주셔서 얼마나 기뻤는지 몰라요."

"좋게 봐주셔서 감사합니다."

"그런데 문화센터는 학기제로 운영이 돼요. 지금은 봄학기 모집이 한창이고 인쇄물도 이미 나왔으니, 우리 여름학기부터 시작해보면 어떨까요?"

"좋아요! 정말 좋아요!"

드디어 내게 문화센터에서 강의할 기회가 생긴 것이다. 그런데 이어진 설명은 나를 다시 긴장으로 밀어넣었다.

"대신 최소 수강인원이 있기 때문에 인원이 차지 않으면 강의는 할 수 없어요."

생각해보면 너무나 당연한 이치였다. 수강신청을 한두 명이 한다면 그건 강의가 아니라 과외다. 적정선의 수업이 진행되려면 최소 수강인원은 당연히 필요했다. 다만 이때만 해도 내 강의에 수십 명씩 앉아 함께 글을 쓰고 합평하는 모습만 상상했기 때문에, 최소 수강인원이 미달되는 상황은 마치 다른 나라 이야기처럼 느껴졌다.

이후 강의 등록은 순조로웠다. 문화센터와 계약서를 쓰고 다음 학기 등록까지 회차별 강의자료를 만들었다. 게다가 매니저가 경기·인천 지역의 문화센터에서 저자특강을 열 수 있도록 적극적으로 추진해주었다. 정말이지 감사한 기회였다.

그렇게 5월 저자특강을 시작으로 6월부터 7월까지 글쓰기 강의가 예정되었다. 시간이 날 때마다 틈틈이 강의자료를 읽고 보완하며 수업 준비를 했다. 초보 강사지만 수강생들에게 초보 수준의 강의를 전하고 싶지 않았다. 일부러 낸 시간이 아깝지 않도록 정말 알차게 준비하고 싶었다.

그리고 행복한 나날 가운데 결국 만나고 싶지 않았던 그 순간이 찾아오기 시작했다. 강의가 예정된 주의 초부터였다. 딩동 문자 알람이 왔다.

"저희 센터의 홍보가 부족해서 개강인원이 미달돼 강사님의 강의 진행이 어렵게 됐습니다. 죄송합니다. 나중에라도 좋은 기회에 모실 수 있으면 좋겠습니다."

문자를 읽는 순간 감전된 것처럼 뒷목이 쭉 당겼다.

'다른 나라 이야기로 느껴졌던 수강인원 미달이 바로 내 얘기였어?'

이날을 시작으로 저자특강이 예정된 경기·인천 지역의 센터로부터 이틀 걸러 강의취소 문자가 왔고, 급기야 6월부터 열기로 한 글쓰기 강의도 수강인원 미달로 취소되었다. 취소 통보를 받을 땐 혹독한 장마철에 나만 우산 하나, 우비 한 장 없이 장대비를 열렬히 맞는 기분이었다. 강의 경력이 없기에 쉽지 않을 거라 예상은 했지만 줄지어 취소되는 상황은 집에 혼자 있어도 자꾸 얼굴이 붉어질 정도로 부끄러운 경험이었다.

'역시 나는 부족한 사람이었나 봐. 직업의 수를 늘리고 싶었던 건 과분한 욕심이었을까?'

모든 강의는 취소되었고 컴퓨터에는 촘촘한 리스트로 짜인 강의자료만 남아 있었다. 연초에 호기롭게 잡았던 목표가 실패로 돌아가자 내 안의 의욕은 말끔히 청소되고 없었다.

다시 한 달쯤 지나 매니저로부터 전화가 걸려왔다.

"선생님, 가을엔 왠지 책도 더 보고 싶고 글도 쓰고 싶잖아요. 우리 여름학기는 잘 안됐지만 가을학기에 다시 시도해보면 어떨까요?"

의욕을 남김없이 청소한 덕에 나는 고개를 설레설레 저었다.

"아니에요, 매니저님. 가을이 돼도 아무도 신청 안 할 거예요. 제가 부족한 게 많아서 아무도 제 강의엔 오지 않을 거예요."

너덜너덜해진 마음으로 겨우 대답하는 내게 매니저는 나름의 고민을 더한 강의계획을 설명하고, 단 한 번이라도 강의를 열어보자며 설득했다.

"아유, 선생님 그런 말 말아요. 이번에는 우리 강의 더 재밌게 짜보고 홍보도 잘 해서 꼭 열어봅시다. 나는 선생님이 우리 센터에서 글쓰기 강의를 꼭 해줬으면 좋겠어요."

"저는 수강인원도 미달되고 인지도도 낮은 작가인 걸요."

"아니에요. 성인강좌는 원래 인원 미달이 빈번해요. 다들 이런 계단을 밟은 다음에야 안정적으로 강의도 하고 인기도 생겨요. 나는 선생님이 잘 해낼 거라 믿어요. 진심으로 믿어요."

강의 취소로 바싹 쪼그라든 내게 진심으로 믿는다는 말은 달콤한 제안이었다. 나는 의욕 없이 굴었던 태도가 민망해진 나머지 기어들어갈 듯한 목소리로 가을학기에 나가겠다며 제안을 수락했다.

다음 날, 나는 노트북을 열고 다시 망망한 한글 프로그램을 켰다.

'지난번 강의계획서보다 더 재밌게, 더 구미가 당길 만한 강의로 만들어보자. 이건 밟아야 할 계단일 뿐이야.'

투둑투둑투둑. 한동안 키보드 치는 소리만 들리도록 고요히 집중해 강의계획서를 작성해서 매니저에게 발송했다. 이번 가을에는 나의 수강생들을 만날 수 있을까? 이번 계단은 성공할 수 있을까? 올해 초 계획한 목표를 실패로 정리하기엔 아직 갈 길이 멀었음을 이젠 알 것 같다.

실오라기 같은 용기를 내 다시 강의계획서를 제출했던 가을학기에서는 다행히도 글쓰기 강의가 열렸다. 저마다 원하는 바가 있어 글쓰기를 배우고 싶은 이들이 삼삼오오 모였고, 나는 떨림을 누르고 강의를 진행할 수 있었다. 강의 마무리에는 각자 짤막한 글을 써서 낭독하고 의견을 나누는 합평 시간도 가졌다. 강의를 나갔던 문화센터 중 한 곳에서는 합평 도중에 옛일을 떠올리다 눈물을 흘린 수강생이 있었고, 곁에 있던 이들이 어깨를 토닥이며 위로를 나눈 풍경이 있었다. 초보 강사에 다시 도전하지 않았다면 결코 만날 수 없었을 소금기 어린 경험이었다.

이별을 고해야 할 때

좋은 이별은
다른 이름으로
돌아온다

세상에 '좋은 이별'이란 게 있긴 할까? 어디서 벌어지는 이별이든 좋은 이별이나 친구로 남기로 했다는 속 좋은 소리를 믿어본 적이 없다. 그건 이별을 포장하는 핑계일 뿐이라며 뾰족하게 받아들였건만. 나는 프리랜서가 되면서 마치 '좋은 이별 선도 위원'이라도 된 것마냥 좋게 매듭을 짓기 위해 부단히 애를 쓰고 있다.

오래도록 함께 일하는 관계라면 이별이 드물지만, 단기 프로젝트나 일회성 프로젝트에 참여하고 나면 곧 이별이다. 정해진 교류의 시기가 지나면 마치 계약연애라도 했듯 아쉽게 인사를 나누는 이별이다.

"이번에 같이 일하면서 정말 즐거웠어요. 다음에 또 진행하게 되면 저 잊지 말아주세요!"

부담스럽게 나를 다시 섭외해달라며 들이대는 대신 나라는 작가 한 명을 잊지 말아달라고 넌지시 인사를 건넨다. 프로젝트가 끝나고 이렇게 마무리 인사를 나누는 횟수는 일년에 대략 서너 번쯤 된다.

이 같은 마무리에 상대는 웃으며 화답한다.

"작가님이 꼼꼼하게 잘 해주셔서 저희도 감사했어요. 다음에 기회 되면 또 연락드릴게요."

웃음 섞인 인사에 '사실 너 참 별로였다'고 내리꽂는 대답이 올 리야 없겠지만, 마무리는 서로에게 항상 훈훈했다. 개운하게 마무리를 짓고 나면 다시 프로젝트가 진행될 때 연락이 오는 경우가 대부분이다. 혹은 주변에 소개로 이어져 일면식 없는 곳에서 내게 업무를 제안하는 경우도 적지 않았다. 이런 이별은 적당하면서 무리가 없다.

문제는 프로젝트 기간이 종료되며 자연스레 헤어지는 경우가 아닐 때다. 이유는 셀 수 없이 많다. 내가 자유롭게 일하는 프리랜서라는 사실을 알면서도 자신들의 일만 해주길 바라거나(그렇다고 일감의 수나 고료가 월등히 좋지도 않다), 다른 클라이언트와 약속된 스케줄을 자신들에게 맞춰달라고 떼를 쓰는 날이 빈번한 업체는 아무리 고료가 높다 한들 이별을 고할 수밖에 없다.

또 고료가 너무 적을 때도 헤어진다. 논의된 업무보다 훨씬 많은 것을 지시하고도 고료는 터무니없이 낮을 때, 혹은 약속한 고료 인상의 시기가 도래해도 모른 척 입을 닫을 때, 나는 진땀 흘리며 이별을 고한다. 여기에 더 싫은 경우는 무례한 방식으로 고료를 흥정할 때다.

이럴 땐 몇 번쯤 참아보다가 터지기 직전에 이별을 고한다. 나를 선택하고 일감을 주는 클라이언트에게 미안함과 도무지 참을 수 없는 불합리에 이글거림이 뒤섞인 마음을 꾹꾹 누르며 입을 뗀다.

"저, 죄송한 말씀을 드려야 할 것 같아요. 제가 앞으로 일을 더 이어갈 수가 없게 됐어요. 인수인계는 원하시는 날짜까지 맞추겠습니다. 죄송합니다."

어렵사리 입을 떼고 나면 아량이 넓은 클라이언트의 반응은 대략 비슷하다.

"왜요? 무슨 일 있어요?"

"우리 스케줄이 너무 빡빡해서 그래요?"

"우리가 작가님을 너무 힘들게 했구나."

이럴 때는 클라이언트와 협의가 잘 되어서 다시 일을 이어갈 때가 있지만 그런 경우는 꽤나 드물다. 보통은 쓴소리부터 꺼낸다.

"이렇게 그만두면 우린 어떡하라는 거예요?"

"인수인계 받을 사람 직접 구해놓고 그만두시든가."

이런 말을 듣고 나면 이별 순간에 차이는 쪽이 흔히 말하는 "네가 어떻게 이럴 수 있어?"의 호환버전 같다. 실제 연인과의 이별이 험난하면 따귀를 올려붙인다고도 하는데, 일로 만난 사이에 따귀에 손대면 큰일 나니까 클라이언트는 나를 때리지 않는다. 대신 말로 때린다. 나는 이별 통보하는 사람이 좋은 소리 듣길 바라는 건 욕심이라는 마음으로 그저 듣는다. 클라이언트의 원망이 사그라질 때까지 잠자코 듣는다. 죄송하다는 말도 연거푸 한다. 먼저 이별을 통보한 입장이니 순간을 모면하면서 좋은 이별에 성공하겠다는 마음만 간절하다. 이별을 통보받은 클라이언트도 어느 정도 퍼붓고 나면 한숨 쉬며 받아들인다.

또 이별을 고한 뒤 듣는 말 중 황당한 반응도 적지 않다.

"임신하셨구나!"

"작가님도 이제 집에서 쉴 나이가 되긴 했죠."

"이제 집에서 남편 내조하는 거예요?"

이럴 땐 적어도 화내는 건 아니니 웃으며 넘어간다. 하지만 속으로는 울화통이 치민다. 일을 그만두는데 임신이 웬 말이며, 창창한 30대에게 은퇴라니. 그들이 바라보는 나는 임신하면 미련 없이 일을 그만둘 사람인 걸까? 소중한 내 직업을 대체할 게 남편 내조라는 상상도 황당하기 그지없다.

이런 반응이 나와도 역시 죄송하다는 말만 연거푸 한다. 더 이상 상처받고 싶지 않아 서둘러 전화를 끊고 싶지만, 좋은 이별 선도 위원과 같은 자세로 웃음 섞인 대답을 유지한다. 이런 응대를 듣고 나면 이후 인수인계나 필요한 대화는 가능한 메일로만 주고받으려 한다.

생각해보면 정규직으로 회사에 다닐 때는 이별 수가 그리 많지 않았다. 도무지 참을 수 없는 갈등이 누적된 후에 분노가 가득 차서 냉랭하게 퇴사를 통보한 적이 있었고, 몇 년씩 근무한 회사를 그만둘 때는 지긋지긋한 곳에서 벗어난다는 시원함과 더불어 서운함이 감도는 묘한 이별도 있었다. 퇴사를 앞두고 내 후임을 뽑고 인수인계를 하는 순간이 그리 담담하지만은 않았다. 나를 대신해 주목받는 누군가를 향한 은근한 질투, 나보다 일을 못했으면 좋겠다는 어깃장, 새로 온 사람에게 한시라도 빨리 자리를 내줘야 할 것 같은 촉박함. 그런 복합적인 감정의 이별이었다.

어쨌든 이런 회사와의 이별이 보다 간결한 형태로 숱하게 찾아오는 게 바로 프리랜서다. 일 년에 수차례 겪기도 하고, 어느 해에는 단 한 번의 이별 없이 건강하게 보내기도 한다. 다만 언제 어떤 입장으로 다시 마주할지 모를 클라이언트와의 이별만큼은 웃으며 매듭짓고 싶고, 또 그래야만 한다. 좋은 이별은 훗날 프리랜서의 '평판'으로 반드시 돌아온다.

CHAPTER 4

프리랜서라서
누리는
따뜻한 하루

사실은 따뜻했던 그녀

얼음장 같았던
인간관계에도
꽃은 핀다

프리랜서로 일하기 위해 기업, 기관 등과 계약을 체결하면 당연히 내가 하는 업무를 관리할 담당자가 있게 마련이다. 주로 글쓰기인 내 업무의 원고를 검수하거나, 취재 일정을 짜고, 결제를 진행하는 등 나와 아주 밀접하게 지내며 일하는 담당자다. 평균 서너 군데의 기업이나 기관에서 일감을 받으니 평소에 자주 연락하는 담당자 역시 서너 명이 늘 있다.

다행히 내게는 갑질을 하거나 심보 고약한 담당자가 거의 없었다. 오히려 다정하고 배려 깊은 이들이 대부분이라 좋은 기억이 많이 남아 있다. 그중 연약하게나마 연락을 이어 가면서도, 내심 소중한 사람들의 얼굴에 한 자리를 꼭 차지 하는 C의 이야기를 써보려 한다.

당시 어느 기업의 모바일 매거진을 만드는 출판사에서 에 디터 일을 할 때였다. 작은 출판사인데도 대표님이 어찌나 열심히 일하시던지, 면접을 보던 날 이미 일감을 거절할 수 없었다. 그런데 외주로 받아온 이 일은 대표님이 경험해보 지 않은 분야였다. 그저 할 수 있을 거란 짐작과 자신감으로 받아온 일감이었다. 자신 있게 외주를 따왔으나 막상 부딪 혀보니 매일같이 발등에 불덩이가 떨어졌을 것이다.

그렇게 자신감 하나로 시작한 업무로 큰 틀에서의 기획이 나 방향은 대표님이 잡고 세부 기획과 취재, 원고 작성, 1차 교정과 광고카피 작성 등은 내가 했다. 초반에는 아무것도 없는 흰 도화지 위에 설계도를 그리듯, 세밀한 고민이 필요 했다. 하루에 12시간씩 매거진에 매달렸다. 나 역시 이런 방 식의 일을 맡아보지 않았던 터라 '내가 잘 하고 있는 걸까?' 라는 의문을 매일 아침 만나야 했다.

그렇게 초반 몇 달간 고생을 하고 자리가 어느 정도 잡혔다고 느꼈을 무렵이었다. 대표님이 메신저로 직원 한 명을 소개했다.

"원래 글쓰기에 관심이 많은 친구라 에디터를 함께 시켜 보려고 뽑았는데, 신입이라 좀 어렵더라고요. 매거진 업무를 보조할 수 있도록 에디터님이 좀 가르쳐보면 어때요?"

대표님이 갑자기 누군가를 가르치라며 낯선 이를 소개한 거였다. 그녀가 바로 C였다. 일면식 없는 C를 만난 건 하얀 바탕의 메신저였다. 그래서였는지 C의 이미지는 딱딱하고 반듯했고, 차가웠다.

먼저 인사를 건넸다.

"안녕하세요. C님. 매거진을 총괄하고 있는 도란 에디터입니다."

그런데 되돌아온 인사에서 C는 내게 '님'이라는 호칭 대신 '씨'라고 불렀다. 조심스러워 존대를 한 내게 다른 격의 호칭을 하는 C 때문에 시작부터 마음이 상하고 말았다. 더 마음이 상하는 일은 얼마 지나지 않아 또다시 벌어졌다. 인사 후 처음 나누는 메신저에서 C는 내 기획안에 대해 할 말이 있다고 했다.

"네, 어떤 말씀이신가요?"

"이 기획안 본인이 쓴 것 맞아요?"

"네, 제가 쓴 거죠. 예전 기획안은 보셨나요?"

"봤어요."

"그럼 제가 썼다는 것을 아실 텐데요. 기재해둔 바와 같이 추가로 기획한 것은 다른 색상으로 표시했습니다만."

이후 아무 대답이 없었다. '할 말'이 있다고 해서 '할 말'은 언제 나오나 기다렸건만 메신저는 조용했다. 나는 조용한 메신저에 먼저 질문했다.

"기획안에 무슨 문제가 있나요? 아까 할 말이 있다고 하셨는데."

"아니요, 그냥 궁금해서요."

C의 연락은 할 말이라기보다 의심을 가진 용건으로 느껴졌다. 할 말이 있다기에 새로운 아이디어나 추가 기획이 있을까 기대했던 내 들뜬 마음엔 찬바람이 관통했다.

그날 업무를 마치고 꽤 긴 시간 거실에 앉아 있었다. 나의 어느 부분이 마음에 안 드는 걸까? C는 내게 어떤 생각을 갖고 있기에 함께 일을 시작하자마자 이렇게 냉랭한 걸까? C의 눈에 내 기획이나 글이 후진 걸까? 프리랜서로 일하면서 담당자들과 잡음 없이 잘 지내왔는데 이게 무슨 일이람.

결국 다음 날, 고민 끝에 대표님에게 연락을 했다.

"대표님, C님은 제가 마음에 안 드나 봐요. 말투도 그렇고, 제 기획안 직접 쓴 거냐고 묻던데요."

진즉에 눈치를 채고 있었는지, 대표님은 당황한 내색도 없이 대답했다.

"그 친구가 직업군인 출신이라 표현이 좀 무뚝뚝할 수도 있어요. 그래도 속은 착한 사람이에요. 성실하고 의욕이 앞서다 보니 실수한 것 같은데 너그럽게 대해주세요."

이렇게 대꾸하시니 더는 할 말이 없었다. 할 말도 대안도 없으니 언젠가 만나서 얼굴을 마주한다면, 밥이라도 한 끼 나눠 먹을 수 있다면, 이 실망이 술술 풀려나갈 거라는 근거 없는 희망을 품었다.

다행히 몇 달 뒤 나와 대표님, C가 가벼운 회식자리를 갖게 되었다. C의 실물을 처음 만나는 날이었다. 메신저 속의 그 냉랭한 C는 여리여리한 체격에 긴 생머리를 흩날리는 청순한 외모의 소유자였다. 직업군인 출신이라기에 '체격이 다부지고 좀 매섭지 않을까.' 하고 혼자 상상했는데, 의외의 모습이었다. 게다가 초면인 나를 어려워하지 않고 덥석 속 이야기를 꺼내는 C에게 실망은 이미 풀리고 있었다.

"제가 군대라는 조직에 있다 보니 호칭이나 대화하는 방식이 좀 경직돼 있었나 봐요. 그게 실수인 줄도 몰랐어요. 기분 상하셨다면 풀어주세요."

그리고는 정말 의외의 말까지 했다.

"그럼 앞으로 제가 언니라고 불러도 될까요?"

어럇, 마음속에 있던 실망이 온데간데없이 사라졌다. 바짝 긴장해 회식자리에 앉은 나는 C의 몇 마디에 풀어버릴 마음조차 잃어버렸다.

그날 우리는 만취하도록 술을 마셨다. 아니, 우리라기보단 나만 만취하도록 마셨다. 지난 몇 달간 팽팽한 긴장감 사이에서, 그 냉랭한 메신저 속 대화에서 은근히 스트레스를 받던 차에 C에 대한 오해가 풀리니 마음이 완전 흐트러진 것이다.

이후 우리는 함께 취재 겸 촬영을 나가거나, 같이 식사를 하고 커피도 마시면서 좋은 동료로 지낼 수 있었다. C는 알고 지낼수록 밝고 반듯한 성품이 돋보이는 사람이었다. 그런 C는 나와 출판사의 소식을 주고받고 걱정거리를 나누며, 다정하고 배려 깊은 담당자가 되어주었다. 일을 할 때는 추구하는 바를 솔직히 말할 수 있었고 서로의 의견을 긍정적으로 수렴했다. 사적인 이야기를 할 땐 진솔하게 속내를 터놓는 언니와 동생이었다.

그렇게 1년이 지났다. 기업은 출판사와 매거진 재계약을 하지 않았고, 자연스레 나도 계약이 만료되어 업무를 접었다. 그런데 일하면서 아무리 친하게 지낸들 관계의 주요 소재인 '일'이 사라지면 연락과 교류도 연약해진다. 나와 C는 점점 교류가 줄었고, 이따금씩 안부를 물으며 연을 이어나갔다. 함께 일하는 동안 친하게 지낸 날들이 좋아서 한번은 집으로 초대도 하고, 따로 만날 약속도 잡았지만 서로 바쁘니 잘 성사되진 않았다. 그래서 아쉬운 날들이 있었다. 나 역시 적극적으로 연락하는 성격이 못 되면서, 언젠가 C와의 가느다란 인연이 끊어지면 참 슬프겠다고 생각했다.

반년쯤 지난 후 여름, 내 첫 에세이가 출간되었다. 이 무렵 지인들은 책을 사거나 읽고 안부를 전해왔다. 그중엔 C의 연락도 있었다.

"언니, 더운데 어떻게 지내요? 어릴 때 잔병치레 많이 했다는 글을 보고 나니까 건강 안부를 먼저 묻게 되네요. 책

잘 읽었어요. 언니의 단면이겠지만, 언니가 풀어낸 이야기로 언니를 들여다볼 수 있었고, 공감 가는 이야기도 꽤 있어 좋았어요. 출퇴근길에 잘 읽고 다녔어요. 우리 만나는 날까지 건강히 지내요, 언니."

이 메시지를 읽으며 내 마음에는 처음 C를 알게 된 때와는 조금 다른 온도의 찬바람이 관통했다. 낮 시간이면 땀이 자박자박 흐르던 계절에 도착한 C의 메시지는 서운함에 응어리진 마음을 살살 식혀주고 연약했던 인연의 끈에 풀을 먹였다. 그저 책을 잘 읽었다는 단순한 메시지가 아니었다. 책 속의 나에 대해 알아가고, 또 그 와중에 건강을 묻는 C의 마음결이 눈에 선했다. 그렇게 간만에 연락을 주고받았더니 함께 일하며 교분을 쌓았던 시간들이 퍽이나 소중하게 다가왔다.

다시금 계절이 흐르고 어느 가을, 미팅을 나갔다가 근처였던 C의 회사 로비 카페에 들러 메시지를 보냈다.

"업무시간이죠? 잠깐만 땡땡이칠 수 있어요? 나랑 커피 한잔해요."

단번에 좋다고 답한 C가 사무실에 늘 꽂아뒀던 내 책을 들고 카페로 들어섰다. 날 보자마자 손을 번쩍 드는 C를 보니 절로 웃음이 났다. 처음엔 싸늘하게, 실상은 따뜻하게 지냈던 귀중한 시간들이 역사처럼 눈가를 스쳤다. 일을 하면서 이렇게 다정한 인간관계를 이어갈 수 있음에 몹시 감사한 순간이었다. 그날 잠시 짬을 내 마신 라떼는 기막히게 고소했다.

낮 시간이면 땀이 자박자박 흐르던 계절에 도착한

C의 메시지는 서운함에 응어리진 마음을 살살 식혀주고

연약했던 인연의 끈에 풀을 먹였다.

그저 책을 잘 읽었다는 단순한 메시지가 아니었다.

책 속의 나에 대해 알아가고, 또 그 와중에 건강을 묻는

C의 마음결이 눈에 선했다.

두 번의 식사대접

한술 밥에
감동이
최고의 반찬

자주는 아니더라도 식사대접을 받을 일이 종종 생긴다. 소속이 없는 내가 대접받는 경우는 일정상 긴 시간 동행하는 담당자, 프리랜서지만 식구로 생각하는 이들과의 회식, 그리고 취재원의 호의로 이루어지는 식사자리다.

가장 편한 것은 동행하는 담당자와의 식사다. 업무상 용건이 분명한 사이에서 거치는 실용적인 식사자리이기 때문이다. 그저 주어진 가격대 내에서 적당한 메뉴를 고르면 된다. 서로 격식 차릴 필요가 없는 사이라 그저 소소한 잡담과 업무상 필요한 정보를 교류하며 식사하면 된다.

보통 기관이나 기업에 따라 식비가 정해져 있는데, 그 액수는 제각각이다. 한번은 식비로 주어진 금액이 좀 많은 기업 담당자와의 식사자리가 있었는데, 잔액을 남겨 가면 오히려 의심을 받을 수 있다며 두 명의 식사에 3인분을 시킨적도 있었다. 비록 음식은 많이 남았지만, 내가 그 입장이었어도 그랬으리라 생각한다. 담당자가 내게 "많이 드세요."라고 권했는데, 정말 많이 먹었다. 돌아가는 차 안에서 쿨쿨 잠이 들 정도로 말이다.

어쩌다 꼭 참석해야 하는 회식자리는 식사에서 끝나는 게 아니라 좀 더 길게 대화하고, 때론 술잔이 오가기 때문에 그리 편하지만은 않다. 취재원과의 식사자리는 경우에 따라 매우 재밌거나 불편하다. 취재원과 이런저런 이야기가 편한 또래면 괜찮은데, 연배가 높은 취재원과의 자리에서는 예의나 격식은 물론이거니와 어색하지 않으면서도 엇나가지 않을 정도의 이야깃거리가 필요하기 때문이다. 물론 두둑한 연륜에서 나오는 경험담이나 우화를 들을 때면 예상치 못한 소득으로 오래도록 마음이 든든해지기도 한다. 대신 취재원이 술을 강요하거나 자신이 살아온 역사를 구구절절 읊는 자리는 언제든 불편하다.

그래도 내겐 좋은 식사자리가 훨씬 많았다. 불편한 식사자리는 10%도 되지 않는다. 담당자든, 취재원이든, 고용자든 다 사람 아니겠는가. 사람과 사람이 상을 하나 펴두고 밥을 먹는 자리는 여간해서는 나빠지기 어렵다. 서로 관찰하고 흠집 내려는 자리가 아닌 이상, 오늘 하루를 지탱할 연료를 채우는 식사자리는 업무시간 중 가장 인간미와 본능이 넘치는 자리가 아닐는지.

여러 식사자리가 있었지만 그중에서도 좋았던 건 연배가 꽤 높은 작가님을 인터뷰하던 날이었다. 동양화를 그리는 작가셨는데, 평생 전업주부로 살다가 남편이 병환으로 세상을 떠난 후 원하는 삶을 찾아가고자 그림을 시작하신 분이었다. 예순이 넘은 나이에 처음 붓을 잡으셨고 거듭 학문의 길을 밟으며 그림 공부를 쉬지 않으셨다. 칠순이 넘어서는 큰 대회에서 입상하셨고 그 덕에 개인전을 여러 번 열 수 있었다. 그분의 그림은 오랜 세월을 산 화가의 담백함이 깃든 풍경화인데, 자세히 살펴보면 화통을 붙잡은 진득한 애정과 젊은 여인의 열정이 함께 엿보이는 작품이었다.

그날의 인터뷰는 작가의 자택이자 작업실을 겸한 곳이었

다. 서울에 위치한 아파트였다. 오랫동안 그 동네에 살았던 작가님은 남편이 작고한 후, 같은 동네에서 조금 작은 아파트로 옮겨 본인의 침실과 작업실을 만들고 간소한 살림을 꾸렸다. 그곳에서 문을 열고 맞이해주셨던 작가님의 모습은 흡사 나의 할머니였고, 먼 훗날 손에서 열정을 놓지 않고픈 나의 미래상이었다.

우리 할머니처럼 뽀글이 파마에 안경을 쓴, 편안한 차림의 작가님은 다과를 차려주시고는 이야기를 시작하셨다.

"저는 큰 작가도 아니고, 화백 소리를 들을 만큼 대단한 화가도 아닌데 이렇게 인터뷰를 와주신다 해서 얼마나 놀랐는지 몰라요."

손사래를 치며 내가 인터뷰하게 된 배경을 설명했다. 나는 그분이 뒤늦게 시작한 작가생활을 충분히 자랑스러워 하시길 바랐다.

"나는 별로 자신이 없지만 그래도 우리 자손들은 나를 자랑스러워 해요. 우리 손자는 언제부턴가 나를 '임 화백님'이라고 부르더라고요. 우리 할머니 작품이 제일 멋지다는 말도 하고. 정말 부끄럽지만, 자손들이 자랑스럽게 생각하는 건 제가 복 받은 사람이란 뜻이겠죠."

말씀하시는 굽이굽이 수줍음이 가득했다.

　작가님의 작업실은 아주 작은 방이었는데, 작업 중인 화폭이 펼쳐져 있었고 재료들이 정돈되어 있었다. 작업방식을 설명해주셨고, 작업실에서 간단한 촬영과 함께 인터뷰를 마무리했다. 오늘의 만남이 반가웠다고 인사를 하며 카메라를 가방에 담고 있는데 먼저 식사를 제안하셨다.

　"별거는 아니고 제가 평소 먹던 반찬에 식사하고 가시면 어때요?"

　자택으로 인터뷰까지 왔는데 혹여나 폐가 될까 싶어 처음엔 거절했다.

　"아니에요. 작가님께 좋은 얘기 많이 들었는데 식사까지 차려주시면 실례일 것 같아요."

　"실례라니요. 절대 그렇지 않아요. 저도 어차피 식사해야 하는데 같이 들어요."

　어차피 내가 돌아가면 혼자 식사를 하실 터였다. 제안을 감사히 받아들이고 주방 쪽으로 갔다. 작가님은 가스레인지에 불을 올려 된장찌개를 끓였고, 냉장고에서 반찬들을 꺼내 접시에 옮겨 담으셨다. 몇 종류의 나물과 장아찌가 등장

했고, 되직하게 끓인 된장찌개와 잡곡밥이 따끈하게 차려졌
다. 소박하면서 정성이 가득 담긴 채식 식단이었다. 평소 식
사대접 자리들이 짜고 기름진 육류 중심의 식단이었다면,
작가님이 직접 만든 반찬으로 차려주신 식탁은 수수하면
서도 놀랄 만큼 감동적인 밥상이었다. 감탄이 절로 터졌다.

"와, 정말 너무 좋아요. 저 나물에 밥 먹는 거 되게 좋아
하거든요."

"막상 같이 먹자고 했지만 차린 게 없어요. 같이 먹으면
좋을 것 같아서 붙잡았는데 반찬이 별로 없어서 좀 미안하
네요."

"아니에요, 제가 정말 좋아하는 반찬들이에요. 저희 할머
니가 차려주시면 이런 밥상일 거예요."

당시에는 내 할머니가 돌아가시기도 훨씬 전인데도 왜인
지 눈물이 났다. 짭조름한 찌개 한술을 뜨는데 코가 시큰했
고, 삼삼하게 만들어진 반찬들이 자꾸 심금을 울렸다. 혹시
나 어색한 분위기가 될까 봐 눈물을 꾹 참고 먹었던 그 밥
상은 지금껏 어느 자리에서 받은 식사대접보다 훌륭했다.

식사를 마치고 다 먹은 그릇을 싱크대로 옮기는 것만이라
도 하고 싶었는데 작가님은 극구 말렸다. 밥도 잘 얻어먹었

는데 내가 돌아간 뒤 설거지하시는 모습이 떠올라 조금이나마 일손을 돕고 싶었지만, 안 된다고 등을 떠미셨다. 결국 가방을 메고 돌아가기 위해 신발을 신고 있는데 내 어깨에 매달린 백팩이 열리는 느낌이 들었다.

"겨울엔 이런 거 자주 먹어야 해요. 사무실에 돌아가면 일하면서 까먹어요."

웬걸, 그 잠깐 새에 냉장고에서 꺼내온 자몽과 오렌지를 내 가방에 담고 계셨다. 내가 거절이라도 할까 봐 가방에 얼른 넣어주시고는 현관 밖까지 마중을 나오셨다. 돌아가기 위해 지하철역에 가방을 메고 서 있는데, 평소 짐짝처럼 느껴지던 내 가방이 세상 더없이 소중히 느껴지는 건 뭘까.

인터뷰를 위해 방문한 이날, 작가님의 집에서 나는 어디에서도 구하기 어려운 소중한 감정들을 받아왔다. 그것은 사람을 가리지 않고 베푸는 호의, 한참 어린 상대에게도 빼놓지 않은 예의, 자신의 이야기와 가진 것을 기꺼이 나눠 갖는 선량함이었다.

기사가 책자에 실렸을 무렵, 작가님으로부터 전화가 한 통 걸려왔다. 한 번 더 식사를 하자는 용건이었다. 약속한 자리는 인근 한정식 집이었다. 지난번보다 조금 더 편안한 표정으로 만난 작가님은 자리를 마련한 속내를 꺼내놓으셨다.

"지난번에 우리 집에서 된장찌개 끓여서 기자님 대접했다고 친구들에게 아주 혼이 났지 뭐예요. 식사대접을 그렇게 하면 안 된다고 하더라고요. 혹시 불쾌했다면 미안해요."

"아니요, 전혀요. 저는 직접 차려주신 식사 정말 좋았는 걸요. 불쾌할 리가 있나요."

친구들에게 핀잔을 듣고 여러 날 마음이 안 좋았다는 70대 작가님의 소녀감성을 마주하니 웃음이 자꾸 새어나왔다. 고급스러운 식당에서 한 번 더 대접해주신 식사 역시 따뜻했다. 지난번 밥상도 대접받았으니 내가 계산하고 싶었지만, 작가님은 거기까지 생각하신 건지 잠시 화장실에 다녀온 사이 계산을 마치고는 내 손을 덥석 잡고 식당 밖으로 나오셨다.

이런 사례는 드물지만 나는 두 번이나 작가님과 식사를 나누면서 '이분과는 나이와 상관없이 지란지교가 가능하겠구나.' 하고 짐작했다. 이후 작가님의 개인전이 열렸다고 해서 나는 작은 꽃다발을 들고 찾아뵈었고, 종종 메시지로 안부를 묻고는 했다. 세월이 많이 흐르면 연락의 횟수가 잦아

드는 게 당연하지만, 나와 작가님은 불쑥 연락을 드리거나 불쑥 연락을 받아도 어색함 한 줄 없이 반가울 사이임을 확신한다. 어쩌면 낯선 이였을 내게 주신 감사한 호의, 그 따뜻했던 두 번의 식사대접은 수년이 지났어도 손꼽히는 자양분으로 남아 있다.

그들의 언어영역

소통할 수 있음에
감사하면서도 슬펐던
그날

기자 겸 작가로 일하며 인터뷰나 취재가 필요한 현장을
다니는 건 글감을 수집하는 동시에 세상의 구석구석을 다
니며 배우고 실감할 수 있다는 매력이 있다. 평소 인맥으로
삼기 어려운 유명 인사를 만나거나, 온갖 화려한 신기술을
접하기도 하고, 때때로 고급스러운 대접을 받아가며 경험을
켜켜이 축적하는 직업의 특성은 내 자부심을 단단히 만들어
주곤 했다. 여러 경험 중에서도 오늘 이야기는 프리랜서 생
활을 통해 경험한 타인의 언어영역에 대한 이야기다.

장애인을 지원하는 NGO에서 운영하는 프로그램을 취재하러 간 날이었다. 입고 있던 티셔츠의 등짝 부분이 찰박하게 붙도록 땀이 많이 나던 7월의 어느 날, 함께 운전해서 이동한 담당자와 나는 예정보다 일찍 취재지에 도착하고 말았다. 예정된 취재시간보다 두 시간이나 일찍 도착한 것이다. 마침 감사 자격으로 동행한 일행이 한 가지 제안을 했다.

"2층에 저희 협회 사무실이 있어요. 날도 더운데 거기서 시간을 보내다 내려오면 어떨까요?"

찜통더위에 이보다 더 감사한 제안이 어디 있을까? 우리는 2층으로 올라갔다. 협회는 청각장애인을 위한 단체였다. 사무실에 있던 직원들은 우리에게 수화로 인사를 했다. 수화를 모르는 나지만 "안녕하세요." 정도는 짐작할 수 있었고, 어설프게 수화를 따라하는 대신 머리를 숙이고 인사를 했다.

"안녕하세요."

"아, 청인이시군요!"

직원들은 비장애인이었지만 출입하는 다수가 청각장애인이다 보니 자연스럽게 수화로 내게 말을 건 모양이었다. 비장애인의 언어체계가 후자로 밀려나는 조금 다른 세계에 발을 들였다고나 할까? 안쪽 의자로 안내받아 자리에 앉았다. 땡볕의 더위를 피해 에어컨 바람이 솔솔 불어오는 자리에 앉아 있으니 졸음이 몰려왔다.

'그래도 일행이 있는데 여기서 졸면 안 돼. 그건 예의가 아니야.'

이렇게 마음을 꼬집어가며 졸음을 참고 있던 차에 갑자기 사무실 문이 활짝 열리더니 열댓 명의 사람들이 걸어 들어왔다. 처음 본 우리를 보며 의아해하는 것 같았지만 자연스럽게 테이블 주변으로 자리를 잡고 앉았다. 그리고 서로 눈빛과 수화를 주고받으며 뭔가 의사소통을 하는 것 같았다. 그제야 알았다. 지금 이곳에 말소리가 들리지 않는다는 사실을. 그 순간 슬그머니 졸음이 달아났다.

사무실에 있자고 제안한 일행은 수화 실력이 수준급인 분이었다. 그분은 능숙하게 사람들과 대화를 했다. 나와 함께 간 담당자는 간단한 수화만 알아듣는다고 했다. 수화를 모르는 나만 어색하게 그 대화를 바라볼 뿐이었다. 아무 소리도 나지 않는 가운데 열댓 명의 사람들은 손과 표정과 눈빛으로 활발하게 대화를 나눴다. 그 모습을 보며 나도 모르게 '시끄럽다'고 생각한 건 지금 생각해도 신기하다.

그들은 대화 중에 말끄러미 쳐다보는 내가 안되어 보였던 건지 자꾸 말을 걸려고 했다. 하지만 안타깝게도 나는 단 한 마디도 알 수 없었고, 곁에 있던 일행이 통역을 해줘야 겨우 몇 마디 나눌 수 있었다. 전해 듣기로는 그들은 단체로 영화 관람을 하고 왔다고 했다.

"아, 영화 관람이요? 실례가 될 수 있는 질문인데, 청각장애가 있어도 영화 관람이 괜찮은가요?"

"자막이 있다면요. 하지만 자막 없는 영화를 보려면 애 좀 먹죠."

오랜만에 영화를 본 그들은 한껏 들뜬 모양이었다. 영화가 얼마나 재미있었는지, 어떤 장면이 재미있었는지, 그때 정말 웃기지 않았냐며 정신없이 의견을 교류했다. 그들의 교류가 정신없을 정도로 활기를 띠고 있다고 느껴졌던 건 손뿐만 아니라 표정에서 드러나는 감정과 의사가 몹시 풍부했기 때문이었다. 얼굴에 매달린 눈, 코, 입은 쉴 새 없이 움직였다. 사람의 얼굴이 이렇게 많은 표정과 감정을 나타낼 수 있다는 데 놀라울 따름이었다.

그때 누군가가 수박을 한 통 들고 등장했다. 수박 한 통을 반기는 이들의 표정 역시 소리 없이 떠들썩했다. 테이블 한

가운데에 쟁반과 접시를 포개놓고 함께 수박을 잘랐다. 어색하게 앉아 있던 내게도 수박을 권했다. 손과 표정으로 뭐라 말하는 걸 알아들을 수 없었지만 호의만큼은 정확히 전달받았다. 곁에 있던 일행이 통역을 해줬다.

"수박 드시라고요. 여름에는 땀을 많이 흘려서 수박을 많이 먹어야 한대요."

감사하다며 수박을 받아들었는데 이왕이면 나도 수화로 감사를 표현하고 싶었다. 다만 어설픈 시도 이전에 내 입 모양을 알아들은 사람들이 고개를 끄덕이며 먼저 웃어줬다. 그러는 동안에도 사무실에서는 통역을 주고받는 나와 일행 외에 어떤 말소리도 들리지 않았다. 고요와 고요 사이에 감정의 교류가 공기를 가를 뿐이었다.

그렇게 있다 보니 기다림의 두 시간이 얼추 지났다. 감사하다며 인사를 드리고 나와 예정된 시각장애인 단체와의 취재를 시작했다. 시각장애인들의 체육 프로그램 현장에 가보고 인터뷰를 진행하는 날이었다. 30여 명 가까이 되는 인원들이 강사의 지도에 따라 부지런히 스포츠댄스를 배우는 현장이었다. 벌써 몇 달 배웠다고 했는데, 능숙한 동작도 제법 보이고 스포츠댄스에 어울리는 복장도 갖춰 입은 모습이 근사했다. 그런데 그중 한 명은 곁에 있는 누군가의 팔과 다리를 만져보며 동작을 따라 했다. 도움을 주는 이가 강사의 동작을 따라 하면 그 움직임을 만져본 후 따라 하는 방식이었다. 나는 담당자에게 작은 소리로 물었다.

"저분은 왜 2인 1조로 하시는 거예요?"

"전맹인 분들은 도움을 받아서 배우시는 거예요."

"아, 그렇군요. 그럼 다른 분들은 약하게나마 시력이 남아 있는 걸까요?"

"전맹인 분들도 있지만 후천적으로 장애를 얻은 분들은 아주 약하게 시력이 남아 있기도 해요. 동작이 잘 보이지는 않지만 빛의 움직임과 청각에 의존해서 배우시는 거죠."

연습실 구석에서 그 모습을 지켜보던 나는 살짝 눈을 감고 동작을 조금 따라 해봤다. 두 눈을 꼭 감으니 암흑인 세상. 내 발을 어디에 내딛는 건지, 내 앞에 누가 있는지 보이지 않는 상태에서 나는 춤을 출 수 있을까? 나는 두 번째 발짝은 떼지도 못했다. 그리고 다시 눈을 떴을 때 시력 대신 다른 감각으로 열심히 스포츠댄스를 배우는 시각장애인들이 한 걸음 가까이 다가와 있음을 느꼈다. 캄캄한 세상 속 그들은 땀 냄새가 물씬 나도록 참 열심히들 배우고 있었다.

취재를 마치고 돌아가는 길. 담당자와 나는 퇴근시간에 걸리기 전 서둘러 서울로 가자며 차에 올랐다. 뭐랄까, 이날 취재는 유난히 궁금한 점도 특별한 점도 많았다.

"담당자님, 그런데 선천적으로 청각장애가 있으면서 시각장애도 있는 분들은 어떻게 소통하세요? 읽는 건 점자로 가능할 텐데, 시각장애가 있다면 수화를 배우기 어려울 것 같아서요."

"그런 경우는 중복장애라고 하는데요. 중복장애인은 점자 배우기도 어렵고 수화도 못 하세요."

"네?"

담당자의 단호한 설명에 깜짝 놀랐다.

"그러면 어떻게 소통을 하죠?"

"점자를 배우려면 일단 글을 알아야 하는데 처음부터 눈이 보이지 않는다면 글자를 배울 수 없고, 청각장애까지 있다면 말도 배울 수 없어요. 그 상태에서는 점자와 수화를 배울 수 없죠."

맞다. 생각해보면 글을 알아야 점자를 읽고 쓰고, 시력이 있어야 수화도 배울 수 있지 않겠나. 후천적 장애를 가진 경우라면 이 중 무언가를 배울 수 있다지만 선천적으로 중복장애를 갖고 태어난 이들은 깜깜한 세상에서 마음 한 번 터놓지 못한 채 살아갈 수밖에 없다는 거다.

"그럼 의사전달을 어떻게 하나요? 너무 답답할 텐데요."

"손으로 소통하는 촉수화를 사용하는 경우가 있긴 해요. 그런데 그나마도 배우기 어려워요. 시각과 청각의 중복장애는 도우미와 소통이 안 되기 때문에 활동보조 도우미 지원도 못 받고요. 청각장애인은 청각장애인을 위한 협회나 복지관의 도움을 받고, 마찬가지로 시각장애인은 시각장애인을 위한 협회나 복지관 지원을 받아요. 그런데 중복장애인은 어디에도 속하지 못하기 때문에 그런 지원도 거의 없어요. 청각장애인 복지관에 가면 수화를 해야 하는데 불가능하고, 시각장애인 복지관에 가면 점자나 말을 해야 하는데 불가능하니까요. 정말 안타까워요."

생각지도 못한 각박함에 나는 강한 충격을 받았다.

"그럴 리가요. 우리나라가 장애인 교육이나 지원이 없는 국가도 아닌데, 설마 그렇게 외면할 리가요. 중복장애라면 그 어려움이 더 클 텐데 그렇게 둘 리가 없잖아요."

"그래서 헬렌 켈러가 대단한 거겠죠. 하지만 헬렌 켈러에겐 설리번 선생님이 있었잖아요. 우리나라에선 헬렌 켈러가 태어나면 대부분 가족들이 하루 종일 곁에 붙어 있어야 해요. 집 밖으로 나가기도 어려워요. 그래서 중복장애인의 가정에 시름이 많다고 알고 있어요."

현실을 설명해주는 담당자와 내 얼굴에 웃음기는 이미 사라졌다. 언어가 없는 세상을 상상해본 적 없던 나의 생애. 그리고 애초부터 언어가 없는 세상만을 살고 있는 누군가의 생애. 믿기 어려운 현실을 들으며 나는 가슴이 미어지다 못해 구겨지고 있었다.

오늘 내게 수박을 건네던 이들의 고요하면서도 시끄러웠던 언어, 도우미의 몸을 더듬어 스포츠댄스를 익히던 시각장애인의 소통, 그리고 그나마의 소통도 없는 누군가의 어두운 세계. 이 정도도 모르면서 나는 그토록 언어가 아름답고 다채롭다며 찬양해왔던 걸까.

'무슨 세상이 이렇담. 무슨 세상이 이렇게 차가워.'

그들의 언어영역을 날카롭게 배운 나는 차 안에서 꾹꾹 밀어 넣었던 눈물을 서울에 도착해 차에서 내리자마자 쏟고 말았다.

돌고래 박사님

고무바지와 보트가
인상적이었던
그날의 인터뷰

갑자기 제주도 취재가 잡혔다. 예고가 있었다면 제주까지 간 김에 하루쯤 여행이라도 했으련만, 취재 전날 오후에 갑자기 요청이 들어오는 바람에 클라이언트가 예약한 비행기를 타고 부랴부랴 취재를 떠났다.

클라이언트에게서 전달받은 취재 내용은 매우 흥미로웠다. 제주도 인근에 방류한 돌고래를 추적·연구하는 박사님과의 인터뷰였다. 미리 조사해보니 돌고래를 방류하고 추적하며 야생에서 적응하는 과정을 연구한다고 했다. 관련 자료와 기사를 읽을 때 눈앞에는 푸른 바다의 꿈이 펼쳐졌다.

에메랄드빛 제주의 바다, 반짝거리는 돌고래가 곡선을 그리며 물 위로 튀어 오르는 모습, 야생에서 만나 무리를 이룬 돌고래들이 물살을 가르며 나아가는 멋진 광경…. 박사님과의 인터뷰도 그렇지만 돌고래라는 소재에 몹시 설레며 비행기에 올랐다.

제주공항에 도착해 이날 촬영을 맡아주기로 한 포토그래퍼를 만났다. 여전히 둥실거리는 돌고래의 환상과 설렘을 품고 차에 올랐다. 제주도에 산 지 오래되었다는 포토그래퍼와 함께 박사님과 만나기로 한 ○○항으로 달렸다. 차 안에서 전화를 걸었는데 박사님의 전화는 연결이 안 되었다. 어쨌든 약속은 약속. ○○항에 도착해 다시 박사님께 수차례 전화를 걸었는데 받질 않았다. 나와 포토그래퍼는 조금씩 불안해지기 시작했다.

"아직도 안 받으세요?"

"그러게요. 시간 맞춰 왔는데, 어쩌죠."

그렇게 대답 없는 전화를 30통쯤 걸고 나서야 박사님과 전화 연결이 되었다.

"안녕하세요, 박사님. 오늘 인터뷰 담당하기로 한 도란 작

가입니다. 저희 지금 ○○항에 와 있는데요. 어디 계신가
요?"

걸걸한 목소리의 박사님이 답했다.

"아, 여기 △△항이요."

"네? 오늘 11시에 ○○항에서 뵙기로 했는데요."

"돌고래가 이동해서 따라오다 보니 △△항이네요. 이쪽
으로 오시죠."

돌고래가 이동했다는데 어쩌겠는가. 당황스럽지만 따를
수밖에.

"네, 그쪽으로 이동할게요. 대신 전화는 좀 받아주세요. 연
결이 너무 안 돼서 저희가 길에서 많이 기다렸어요."

"바다 위에 있어서 핸드폰이 안 터져요."

"네? 아, 그럼 이동해서 전화드려도 연결이 어려울 수 있
겠네요."

"네. 바다 위에서는 전화가 안 터지니까 뭍에 잠깐 닿으면
전화 확인해볼게요."

이를 어쩐담. 이 소통 부재의 바다에서 인터뷰를 하려면
유리병에 쪽지라도 적어 띄워야 하나. 막막한 가운데 일단
나와 포토그래퍼는 다시 차에 올라 30분쯤 이동해 △△항에

도착했다. 다시 박사님께 전화를 걸었다. 10통쯤 걸었을 때 전화를 받은 박사님은 다시 막막한 답변을 주셨다.

"계속 돌고래들을 따라가야 해서요. 이제는 □□항이네요."

"네? △△항이 아니라 □□항이요?"

그래도 어쩔 수가 없었다. 박사님이 취재에 협조하기로는 했지만 돌고래를 추적하는 업무가 가장 우선인 입장에서 우리와 일정을 맞추느라 추적을 멈출 수는 없었다. 나와 포토그래퍼는 말없이 □□항으로 향했다.

'제발, 제발. □□항에서 끝났으면 좋겠다.'

한참 달려 도착한 □□항에서 내 바람과 달리 ☆☆항으로 이동했다는 연락을 받았고, 제발 마지막이길 간절히 바라며 ☆☆항으로 이동했다. 이동시간을 모두 계산해보니 공항에서부터 ☆☆항에 도착할 때까지 4시간 넘게 달리는 차 안에 있었다. 멀미가 심한 나는 ☆☆항에 도착했을 때 거의 탈진 상태였고, 새벽에 빵만 한 조각 먹은 뒤 식사를 하지 못해 속도 굉장히 쓰려왔다.

'아, 제발 ☆☆항에서 인터뷰 마치고 밥 좀 먹고 싶다.'

☆☆항에 도착해 전화를 걸었더니 박사님이 바로 받았다.

정말 다행히도 ☆☆항에 도착해 보트를 세우고 있다고 했다. 배들이 정박해 있는 곳을 보니 검은 고무보트가 있고, 사람들의 움직임이 보였다.

가까이 다가가 인사를 나눴다. 아침 일찍 연구원들과 보트에 올라 종일 돌고래를 쫓았다는 박사님은 하필 구름 한 점 없는 그날의 날씨에 적나라하게 노출되어 살이 거의 갈색으로 익어 있었다. 보통 '박사'라 칭하는 이들을 떠올릴 때 실내의 연구공간에서 하얀 가운 차림으로 맡은 연구에 매진하는 모습을 상상했다면, 이날 만난 돌고래 박사님은 전혀 다른 모습이었다. 오로지 돌고래의 방생과 적응을 추적하는 것, 다른 종의 일생에 끝없는 물음을 던지는 사람의 묵묵한 겉모습이었다. 그 짙은 분위기에 압도되어 나는 여기저기 항구를 옮기며 힘들었다는 내색을 꺼낼 수 없었다.

박사님은 나와 포토그래퍼에게 고무로 만들어진 멜빵바지 같은 옷을 건넸다.

"보트 같이 타실 거죠? 돌고래 찍으시고 저희 연구하는 모습도 촬영하시려면."

내가 예상한 인터뷰에 고무바지와 보트행은 없었던지라 화들짝 놀랐다. 게다가 기능에만 충실한 게 눈에 훤한 그 고무바지란. 그러고 보니 박사님과 연구원들 모두 똑같은 고무바지 차림이었다. 보트 타기를 망설이며 주섬거리고 있는데 나 못지않게 당황한 포토그래퍼와 눈이 마주쳤고, 체념한 듯한 포토그래퍼는 고무바지를 받았다.

"제가 촬영 다녀올 테니 작가님은 여기 계세요. 어차피 보트에서 인터뷰하실 것도 아니고 촬영만 해야 되는데 저 혼자 가는 게 낫죠. 멀미도 심하시잖아요."

멀미에 바짝 쪼그라든 나는 ☆☆항에 남기로 했다. 제주로 오는 내내 돌고래를 본다는 기대에 잔뜩 부풀어 있었지만, 결국 보지 못한 것이다. 힘겹게 고무바지를 입고 보트를 타는 포토그래퍼와 연구진을 배웅한 뒤 나는 근처 카페에 자리를 잡고 인터뷰를 위한 세팅을 했다. 시원한 음료를 마셨더니 멀미도 조금씩 잦아들었다. 그제야 보이는 에메랄드빛 제주 바다와, 관광지와는 거리가 먼 ☆☆항의 적막이 느껴졌다.

가만히 앉아 있기 무안해서 보트를 댔던 곳 주변을 잠시 산책했다. 제주에서만 볼 수 있는 현무암 더미 위를 걸어보고 문 닫은 상점이 유난히 많은 ☆☆항 주변을 서성였다. 그렇게 30분쯤 시간을 보냈을까. 저 멀리 검은 보트가 보였다. 뱃멀미 속에 촬영을 하느라 진땀 뺐을 포토그래퍼의 하얗게 질린 얼굴과 잔뜩 그을린 박사님과 연구원들이었다. 구름 한 점 없는 하늘 밑으로 유유히 들어오는 검은 보트 위 박사님은 오로지 한 가지 목표를 위해 나머지 모든 것을 내던진 사람으로 보였다.

이윽고 고무 옷에서 편한 옷으로 갈아입은 박사님과 인터뷰가 진행되었고, 오랫동안 돌고래를 연구한 이야기와 현재 연구 중인 돌고래 이야기를 생생하게 들어볼 수 있었다. 그가 돌고래의 생애를 들여다보며 학문적 가치와 보람을 일궈낸 과정은 감탄스러웠다. 박사님은 나와의 대담을 마친 후 다시 바다로 나가야 한다며 급히 카페 밖으로 달려나갔다. 그 뒷모습을 지켜보며 나도 모르게 "이런 생도 있구나." 하고 감탄 아닌 감탄이 입 밖으로 흘러나왔다.

여행처럼 일을 떠났다

행복의 복판에
있었던
단 한 번의 경험

이제야 하는 말이지만 애초에 나는 어딘가에 엉덩이를 붙이고 느긋하게 일할 체질이 아니었다고 느낀다. 만약 그런 업무를 좋아했다면 잠시나마 일했던 은행이나 무역회사에 계속 머물렀을 테고, 하루 종일 앉아서 일하는 데 싫증 내지 않고 사무직에 임했을 것이다. 어쨌든 사무실 안에 머무르는 직업은 사계절의 비바람과 세월의 풍파에서 안전하니까.

언론사에 들어가기 전 무역회사에서 짧게 일한 적이 있다. 그때 내게 가장 즐거운 순간은 한 달에 몇 번 되지 않는 외근이었다. 그 외근은 반드시 필요하지만 아주 사소한 일정이었다. 중요한 서류의 원본에 도장을 받아오거나, 비즈니스로 해외에서 방문한 손님과 함께 식사를 하거나, 마찬가지로 손님에게 대접할 선물을 구입하러 나가는 등의 아주 사소하지만 피할 수 없는 외근이었다. 하지만 사무실에서 외근을 기다렸다는 티를 내는 건 어쩐지 민망한 일이어서 누가 일정을 물어보면 일부러 귀찮은 척을 하곤 했다.

"그러게 제가 좀 있다 외근을 가긴 해야 하는데 급한 건 아니라 좀 있다 가려고요. 지금 하는 일 마무리하고 다녀올게요."

사실은 아침부터 외근 생각에 머리가 꽉 차 있었으면서 그랬다. 외근을 너무 즐기는 내색을 하면 그 소소한 즐거움에 트집이 달라붙기 때문이다. 쟤는 사무실 밖으로 나도는 걸 좋아한다는 둥, 밖에서 놀다 오는 거 아니냐는 둥, 일하러 나가는 게 맞냐는 둥 들어서 좋을 게 없는 트집이 잡힌다는 걸 알기에 어쩔 수 없이 귀찮은 척을 했던 시절이다.

하지만 언론사로 자리를 옮기고 기자생활을 하면서 역마살이라 느낄 정도로 끝없이 바깥생활을 했다. 비정기적으로 취재를 다니는 지금도 마찬가지다. 사무실에 꼬박 앉아 있는 게 너무나 갑갑했던 나는 역마살을 즐기는 피곤한 숙명을 진심으로 받아들이는 중이다. 이런 내게 사람들은 종종 물어본다.

"지방취재나 출장도 많이 다녀?"

"그럼 지방 갔다가 여행도 하고 그러겠네?"

그럴 때마다 나는 고개를 절레절레 흔든다.

"그럴 틈이 어디 있어. 밥이나 잘 챙겨 먹으면 다행이게."

사실이 그렇다. 지방취재 일정은 언제나 빠듯하다. 아침 일찍 기차역이나 버스터미널로 이동해 다른 지역의 역이나 터미널에 내려서 다시 교통편을 옮겨 어딘가로 이동한다. 혼자 가는 날도 있지만 담당자나 촬영 스태프와 동행하는 날이 더 많다. 그날의 목적을 가진 취재를 진행하고 다시 돌아오는 일정에서 겨우 짬을 내 식사를 하는 입장에 여행이라니. 환상 속에서나 가져볼 만한 여유 아닐는지.

물론 타 지역에 간 김에 내 돈으로 숙박을 하거나 체류하면서 여행할 수는 있겠지만 그렇게 해본 적은 없다. 그렇게 떠나는 여행에서 왕복 교통비는 아낄 수 있겠다만 결국 일정 중 하루를 꼬박 업무에 써야 하니 온전한 여행이 아닌 반쪽짜리 여행이다. 무엇보다 일로 갔으면 일에만 집중하고 싶을 뿐, 개인 일정에 신경 쓰며 집중력을 떨구고 싶지 않다.

그런 내가 고작 하는 거라곤 기차 시간이 많이 남았을 때 근처 카페에서 커피를 마시거나 기차역에 파는 특산물을 사 오는 정도다. 내가 봐도 참 재미없다, 재미없어. 이따금씩 잡히는 부산 취재나 제주도 취재를 당일로 다녀오는 내게 친구들은 아깝다며 성화였지만, 정작 다녀오는 사람의 안중에 여행은 없단 말이다.

그런 내게 특별한 제안이 하나 들어왔다. 부산에 있는 어느 호텔에서였다. 호텔에 방문해 하루를 묵으며 내부시설을 체험해보고 그 경험과 감상을 토대로 글을 써달라는 의뢰였다. 물론 숙박과 체험하는 데 드는 모든 비용과 교통비가 지원되고, 당연히 별도의 고료를 받기로 했다. 당시 나는 몇 달간 쉴 틈 없이 이어진 업무에 내면이 바짝 건조해진 상태였다. 망설임 없이 바로 수락했다. 이런 기회에 남편이 동행해도 좋겠지만, 어쨌든 일이었다. 일하러 가면서 사적인 동행을 만드는 건 내키지 않아 1인분의 짐을 쌌다.

출발하는 날 아침, 웬일인지 전국이 안개로 덮였다. 미세먼지도 잔뜩 섞인 안개였다. 홀로 기차에 올라 소형 캐리어를 발밑에 넣어두고 편하게 자리를 잡았다. 부산까지 2시간 반. 부산에 가까워지기 전까지 거의 2시간 내내 전국에 안개가 덮여 있었고, 기차는 안개를 뚫고 앞으로 나아갔다. 그 모습을 보며 나는 속으로 자잘한 농담 따위를 생각하고 있었다.

'앞이 보이지 않을 정도로 안개가 자욱한 게 꼭 내 미래 같군.' 이런 생각을 하며 혼자 키득대기도 하고, 미뤄뒀던 드라마를 보고, 음악을 들으며 창밖을 하염없이 바라보기도 했다. 정말이지 여행과 같았다. 일을 위해 노트북을 가져오고 편한 신발을 신었지만, 마음가짐과 행동거지는 그저 여행자였다. 그렇게 안개를 뚫고 부산에 도착했고, 익숙한 어묵 노점을 지나 지하철역으로 이동했다. 택시를 타도 되었지만 낯선 노선도를 보며 지하철을 타고 싶었다. 이미 내 마음은 여행의 설렘으로 꽉 차올랐다.

그렇게 난생 처음 해운대에 도착했다. 몇 번 와본 부산에서 광안리를 가거나 해운대 끝자락의 동백섬까지만 가봤지, 해운대 중심가와 호텔이 즐비한 해변은 처음이었다. 중심가에서 뻗어나가는 골목마다 맛있어 보이는 식당이 즐비했다. 캐리어를 끌며 탈탈탈 중심가를 걷다 보니 횡단보도 건너편에 옥빛 바다가 보였다. 그 순간 내가 지금 마시고 있는 바람이 서울 아닌 부산의 바람이라는 사실이 실감 났다.

해변 앞 인도를 지나 호텔 로비에서 클라이언트 미팅을 가졌다. 설명을 들어보니 정말 이 호텔의 내부시설을 이용하며 느낀 그대로를 글에 담아 쓰면 되는 거였다. 원하는 글의 분량이나 형식도 정해져 있지 않았고, 느낀 바를 감성적이면서 선명하게 적어달라는 주문이었다. 프리랜서 생활 몇 년 만에 이렇게 자유로운 업무 제안은 처음이었다.

'작가로 사는 보람이 이렇게 올 때도 있구나.'

미팅 후 바다가 드넓게 보이는 객실에 짐을 풀고 수영복을 챙겨 호텔 수영장과 스파에 다녀왔다. 바다와 하늘, 풀장의 경계가 하나로 이어진 듯한 인피니티풀이 인상적인 곳이었다. 당연할지도 모르겠지만 혼자 온 사람은 나뿐이었다. 30대 이후 혼자 여행을 떠난 적이 없었다. 적적함인지 여유인지 헷갈리는 가운데 옛 생각도 물씬 떠올랐다.

'20대에는 혼자 배낭을 메고 참 많은 곳을 다녔는데.'

이제 그럴 힘이 부족해진 나는 스파에 몸을 담그고 20대를 추억했다. 얼굴에 겨울바람이 나부끼고 몸은 따끈한 물에 푹 담긴 느낌이란. 너무나 오랜만에 만난 혼자만의 여유를 느긋하게 만끽하는 동시에 글을 쓰기 위한 온몸의 촉각을 하늘하늘 세우고 있었다.

저녁에는 라운지에서 맥주와 뷔페 음식으로 저녁을 먹었고, 식사 후 수영장과 스파를 한 번 더 다녀왔다. 모든 일정을 마치고 객실에 돌아오니 밤 10시에 가까워져 있었다. 테라스 쪽 창을 열었더니 파도 소리가 끝없이 반복재생되었고, 이따금 해변에서 터지는 폭죽 소리가 정겨웠다.

그제야 나는 노트북을 열고 글을 쓰기 시작했다. 여행처럼 떠나온 일터에서 만난 정결함, 30대가 저물어갈 무렵에야 회상하게 된 20대의 여행 경험, 늦은 밤 스파에 눕다시피 기대 바라본 밤하늘과 저 멀리 광안대교의 자태. 사람들은 유쾌했고 정다웠다. 호텔 속 누구나 친절했고, 모르는 일행들은 한결같이 행복하다는 얼굴이었다. 이런 여행지까지 와서 불행할 사람이 얼마나 될까. 그제야 내가 행복한 사람들의 한복판에 일하러 왔다는 사실이 스쳤다. 그 밤, 가슴에 담뿍 담았던 감정을 털어 글을 썼다. 초고를 완성했을 때는 새벽 2시였다. 그리고 낯설지만 말끔한 침대에서 숙면을 취했다.

올해로 5년째 프리랜서로 일하고 있지만 그 기간을 통틀어 여행을 떠나듯 일을 다녀온 경험은 이 한 번이 전부다. 다른 프리랜서들은 어떨지 모르겠지만 나는 이게 전부였다. 앞으로 또 다른 기회로 여행처럼 일을 떠날지도 알 수 없다.

일상은 언제나 촘촘하고, 아무리 전국 곳곳을 누비는 직업이라 해도 그게 여행으로 대체되진 않는다. 부산에서 돌아와 다시 꿀처럼 단잠을 잤고, 다음 날부터 나는 씩씩하게 일을 처리했다. 달라진 점이 있다면 여행처럼 다녀온 취재의 경험이 한동안 무뎌진 보람을 반짝반짝 닦아 제자리로 돌려놓았다는 점이다.

헬로 마이 워너비

이런 게
성덕의
기쁨일까?

　낯선 사람과 심도 있는 대화를 끌어내고 글로 옮기는 기자라는 직업은 평소 인맥으로 닿을 수 없는 누군가와 만남의 장을 성사시켜주기도 한다. 가끔 '성덕'이라 말하는 '성공한 덕후'로 살고 싶은 마음도 기자와 작가라면 꿈꿔볼 만하다. 하지만 내가 맡는 취재영역은 문화부나 연예부와 거리가 멀어 드라마틱한 성덕의 길은 기대하기 어려웠다.

　그럼에도 우연히 성덕의 언저리까지 올라가본 적은 있다. 정부 산하 기관의 사례집을 맡아 우수사례로 선정된 IT기업들을 인터뷰할 때였다. 인터뷰이 목록을 받아 읽어보고 있는데 낯익은 이름이 눈에 띄었다.

'설마, 동명이인이겠지?'

그 이름은 내가 오래전 좋아했던 작곡가이자 피아니스트였던 J였다. J의 곡은 물방울이 건반을 치듯 영롱한 연주가 매력적이었다. 그 아름다운 음악을 어찌 잊을 수 있을까? J의 연주를 좋아했고, 그중 가사를 붙여 발표한 곡도 즐겨 들었다. 2010년대 초반부터 중반까지 발표된 몇 장의 음반을 기억한다.

그리고 언제부턴가 그의 신보는 보이지 않았다. 새 음반을 준비하는가 싶었는데 내내 소식이 들리지 않았다. 어쨌든 활동을 재개하고 이어가는 모든 선택은 아티스트의 몫이다. 때문에 소식이 들리지 않는 그를 향한 나의 선망도 멈춰야 했다. 그렇게 '내가 언젠가 몹시 좋아했던, 지금 들어도 몹시 좋은' 음악을 플레이리스트에 넣어둔 채 세월이 흘렀다.

그런데 그 J의 이름을 여기서 발견한 것이다. 꽁꽁 숨어 있던 아티스트가 "실은 나 여기 있었어!"라며 기지개를 켜듯. 그 이름을 발견한 뒤 인터뷰 목록을 한참 바라봤다. 아무리 생각해도 내가 알던 뮤지션이 IT기업을 끌어간다는 연결고리가 떠오르지 않았다. 일단 검색을 시작했다.

검색을 해보니 몇 가지 인터뷰 기사와 사업성과를 알리는 기사에 J의 이름이 있었다. 음반이 나오지 않았던 몇 년간 그는 스타트업 회사에 입사해 기획과 알고리즘 개발을 담당했고, 이후 창업해 음악 콘텐츠를 제공하는 플랫폼을 만들었다. 인터뷰 기사를 읽어보니 IT 업계에서 성과를 거두기까지 녹록치 않은 과정을 밟아왔고, 클래식 아티스트로 활동한 이력이 그 과정을 지탱해주고 있었다.

'정말 열심히 사셨구나. 멋지게 성장하셨네.'

신보가 보이지 않았던 그 몇 년간 J가 헛되이 살지 않았음을 눈으로 확인하고 나니 흐뭇함이 감돌았다. 인터뷰에 앞서 검색을 좀 더 자세히 하며 J가 운영하는 기업의 소식을 수집했다. 인터뷰이가 누구든 가장 최신 동향까지 충분히 살피고, 업계에 대한 이해도가 떨어지지 않도록 사전지식을 쌓아야 한다. 그래야 현장에서 추가 질문을 덧붙여가며 인터뷰 내용을 알차게 꾸릴 수 있다.

오랜만에 J의 음악을 틀고 기분 좋게 취재준비를 시작했다. 평소보다 취재준비에 시간이 좀 더 걸렸지만 일한다는 기분이 들지 않았다. 이런 게 성덕의 기쁨이 아닐는지. 특정 아티스트를 좋아하는 연예부 기자나 문화부 기자는 매일 이런 기쁨을 겪고 더러 무뎌질 수도 있겠다며 즐거운 상상도 해봤다.

취재준비를 마치고 설렘을 가득 실어 전화기 버튼을 눌렀다. 인터뷰 일정을 잡기 위해서였다. 평소에는 아무 의미 없는 전화지만, 이날만큼은 놀랄 정도로 두근거렸다.

'나의 워너비와 통화를 하게 되다니! 이거 현실 맞나?'

연속되는 미팅과 회의로 바빴던 J와 어렵사리 통화를 하고 일정을 잡았다. 전화를 끊고 혼자 서재에서 일하고 있던 나는 육성으로 쾌재를 불렀다.

"드디어 나도 성덕이다!"

기다리던 인터뷰 날, 기왕이면 예쁜 옷을 입고 메이크업도 하고 싶었지만 다른 취재를 끝내고 가는지라 단정한 옷을 골라 입는 데 그쳤다. 대신 약속시간보다 일찍 도착해 노트북을 세팅하고 J를 기다렸다. 단정한 모습과 약속을 잘 지키는 것으로 팬심을 다하고 싶었다.

잠시 후 J가 모습을 드러냈다. 오래전 내가 동경했던 아티스트를 기자와 인터뷰이 입장으로 만나는 뜻깊은 순간이었다. 나는 평소 인터뷰 전에 5~10분 정도 인터뷰 외 이야기를 하면서 긴장을 풀고 친밀감을 형성하는 편인데, 이날은 사심을 가득 담아 말을 건넸다.

"실은 제가 J대표님 팬이었어요. ○○음반부터 엄청 좋아했거든요."

이 말을 꺼내자마자 바짝 오그라들었던 긴장이 활개를 쳤다. 이 한마디를 꺼내고 싶어서 오늘 아침부터 얼마나 마음의 준비를 했던가! 내 말을 들은 J 역시 놀람과 반가움을 즉시 드러냈다.

"와, 정말요? 아직도 저를 기억해주시는 분이 계시다니 놀라운데요? 미리 말씀하셨으면 CD라도 챙겨왔을 텐데 아쉽네요."

CD가 없으면 어떠랴, 그저 시원하게 팬심을 지른 것만으로도 감격인 것을. 나는 좋아하는 J의 음악을 몇 곡 고백했고, 새 음반이 나오지 않아 궁금했던 시절의 감정도 털어놓았다. 그에 대한 답으로 J에게 뮤지션에서 사업가로 전환하기까지의 솔직한 이야기를 들을 수 있었다.

짐작건대 이날의 인터뷰는 인터뷰이와 인터뷰어 모두 즐겁고 편안했을 것이다. 나는 팬심과 선망, 새 출발에 성공한 오래전 워너비를 재회한 즐거움으로 인터뷰를 진행했다. 인터뷰이는 자신에게 긍정적인 시선을 가진 인터뷰어를 만나 훈훈하게 대화를 시작했으니 긴장을 풀고 진솔한 답변을 할 수 있었을 것이다.

인터뷰를 마치고 집으로 돌아가는 길, 내 발목에 작은 모터가 달려 있는 것처럼 걸음이 둥실거렸다. 집에 돌아와서는 정말 오랜만에 일기를 썼고 다시 한번 J의 영롱한 피아노 연주를 들었다. 기분 좋은 경험이었다. 연말에는 J에게서 안부 메시지도 받을 수 있었다. 이 정도면 성덕이 맞는 것 같다.

한때 나의 귓가를 독차지했던 아티스트. 일상을 영롱하게 만들었던 아름다운 작곡가와의 잊을 수 없는 만남.

헬로 마이 워너비.

'엄마'를 배운다

그들의
모성이
가르쳐준 것

나와 남편은 오랜 고심 끝에 자녀를 낳지 않기로 결정한 딩크(DINK) 부부다. 자녀의 유무가 행복의 유무를 결정하지 않는다고 확신하기에 지금껏 잘 지내왔고 앞으로도 잘 지낼 거라는 예감이 든다.

다만 작가로 살아가는 나는 이따금씩 아이를 키우는 또래 여성에 대한 공감대가 부족하다고 느껴왔다. '아이를 키우는 기쁨'이 세상에서 제일이라고, 여자라면 이걸 겪어봐야 한다고 주변에서 숱하게 들어왔다. 그럴 때마다 세상에 많은 기쁨 중 그 기쁨 하나가 제일이라고 어떻게 장담할 수 있는지 납득이 가지 않았다. 또래의 자녀를 낳아 가까이서 키우며 친하게 지내고 싶어 하는 가족과 친구를 대할 때도 자녀 중심의 인간관계가 왜 필요한지 이해가 가지 않았다. 또 아이를 키우는 노고는 충분히 공감하지만 크게 아는 바가 없으니 나는 그들을 위로하더라도 반쪽짜리였다.

주변으로부터 아이를 키우는 기쁨과 어려움을 귀에 딱지가 앉도록 들어왔어도 무덤덤했던 내가 '엄마'라는 존재의 가치, 아이를 키우는 기쁨을 제대로 실감한 건 의외로 처음 보는 타인들을 만나서였다. 그 만남은 장애인 가정을 인터뷰하고 콘텐츠로 만드는 프로젝트를 통해 이루어졌다.

차를 타고 한참 달려야 하는 먼 지방으로 취재를 갔다. 약속장소는 인터뷰이가 치료를 받는 병원 응접실이었다. 잠시 앉아서 땀을 식히고 있는데 휠체어를 타고 인터뷰이가 들어왔다. 21살 앳된 얼굴의 H양이었다.

"안녕하세요? 많이 기다리셨나요?"

조금 느리지만 또박또박한 말투였다. 뇌병변장애를 앓고 있다고 들었는데, 예상보다 비장애인과 다름없을 정도로 말솜씨가 좋았다. 만약 휠체어가 테이블에 가려져 있었다면 장애인인 줄 아무도 눈치 못 챘을 거라 짐작했다. 잠시 후 H의 어머니도 도착했다. 그런데 H의 어머니는 예정에 없던 사람을 데려왔다. 어머니의 손을 잡고 들어온 사람은 10대 후반 정도로 보이는 장애여성이었다.

"H가 취직을 했으니 저도 자유롭게 취직을 하려고 했어요. 그런데 제가 H를 키우며 느낀 점, 익숙한 점이 있으니 이왕이면 장애자녀들을 돕는 일을 하고 싶더라고요. 그래서 복지관에 장애인 돌보미 신청을 해서 활동보조 일을 하고 있어요."

H의 어머니가 장애자녀를 키우며 느끼고 익숙해진 게 그저 편안하고 좋기만 한 일이었을까. 걷지 못하는 H를 업고 병원과 학교에 데리고 다니던 어머니였다. 장애가 있는 딸일지언정 사회에서 제 몫을 해내도록 키우기 위해 비가 오나 눈이 오나 자신보다 훌쩍 커버린 딸을 업고 다닌 어머니였다. 뇌병변장애에도 불구하고 또박또박했던 H의 발음은 그녀의 어머니와 수없이 연습하고 배워 몸에 새긴 언어였다.

딸이 성인이 될 때까지의 고단함을 온몸으로 껴안았던 H의 어머니는 딸이 사회생활을 시작하자 재취직을 시도했다. 그 재취직 역시 홀로 일상이 어려운 장애인의 활동보조였다.

인터뷰를 하는 내내 H의 어머니는 한 손으로는 자신의 딸인 H의 손을, 다른 한 손은 활동을 도와주는 장애여성의 손을 잡고 있었다. 아프게 태어난 자신의 딸을 고이 키워냈으니 이제는 몸 편하고 넉넉히 벌 수 있는 직업을 선택할 수도 있으련만. 다시금 타인의 고단함을 껴안고 평지가 아닌 고갯길을 건너려는 H의 어머니는 누구보다도 마음이 뜨거운 '엄마'였다.

다시 몇 개월이 지나 하반기 취재를 시작했다. 장애아동의 가정을 방문한 날이었다. 조금 일찍 도착하는 바람에 약속장소 주변을 서성이고 있는데 저 멀리서 작은 오토바이가 보였다. 앞좌석에는 엄마로 보이는 중년여성, 뒷좌석에는 엄마의 허리를 꼭 끌어안고 앉은 열 살 남짓의 J가 보였다. 제법 쌀쌀한 날씨인데도 해사하게 웃으며 달려오는 모자의 주변만은 어쩐지 봄기운이 감겨 있었다.

오토바이에서 내린 모자와 인사를 나누고 골목 안쪽 J의 집으로 들어갔다. 조금 오래된 아담한 단독주택이었는데,

프리랜서라서 누리는 따뜻한 하루

277

마당 한쪽에는 집채만 한 개가 있었다. 개는 낯선 사람을 보자마자 우렁차게 짖어댔다. 큰 개를 극도로 무서워하는 나는 대문 안쪽에 발도 못 디디고 어정쩡하게 서 있었다. 그런 나를 보고 J는 개를 다독였다. 본인보다 몸집이 큰 개를 차분하게 다독이며 내게 얼른 들어오라고 손짓했다. J에게는 나 역시 낯설고 처음 본 어른일 뿐인데 나름의 방법으로 손님을 반겨주는 게 여간 기특한 게 아니었다.

'이렇게 밝고 또랑또랑한데, 이렇게 사랑스러운데, 장애가 있다고?'

혹여나 개가 또 짖을까 봐 서둘러 집 안으로 쏙 들어갔다. 다섯 식구가 살기에 여유로운 집은 아니었지만 알뜰하게 살림을 꾸려가는 가정임을 대번에 알 수 있었다. 곳곳에 붙어 있는 가족사진을 둘러보며 가족들 간의 사랑이 온 집안에 꽉 차고도 넘친다는 점도 짐작할 수 있었다.

J의 어머니와 거실에 마주 앉아 이야기를 시작했다. 겉으로 보기에 활발하고 웃음이 많은 J는 지적능력의 성장이 조금 더딘 아이였다. 그런데 J의 어머니는 의외의 이야기를 꺼냈다.

"제가 봉사활동을 다니던 입양기관에서 J를 처음 만나 위탁양육을 시작했어요. 태어날 때부터 장애가 있다는 사실도 알고 있었고요. 그런데 1년 가까이 위탁양육을 하고 나니 언제부턴가 J가 당연한 우리 가족이 되었더라고요. 이렇게 예쁜 막내를 어떻게 시설로 돌려보낼 수 있겠어요. 위탁양육 기간이 끝나고 정식으로 입양했죠."

J를 1년간 위탁양육하기 전부터 이들 부부에게는 이미 훌쩍 큰 자녀들이 있었다. 그런데 자녀들과 함께 J를 키우는 동안 너무나 자연스럽게 J는 이 가정의 막내아들이 되었다. J의 어머니에게서 듣기로는 어린 J를 입양해 키우며 온 가족은 웃는 날이 많아졌다며, 우리 집에 찾아온 복덩이라고 했다.

장애가 있는 아이를 입양할 때는 비장애인 아이를 입양할 때보다 고려할 점이 더 많다. 키우는 비용은 물론 돌봄 시간이나 익혀야 할 지식이 상당하다. 어떤 어려움이 동반되는지 분명 알고도 아이를 품을 때, 그 사랑에는 무엇으로도 정확히 표현할 수 없는 확신이 필요하다. 그래서 인터뷰를 진행하는 동안 나는 J의 어머니가 몹시 큰사람으로 느껴졌고, 장애를 가진 J가 그토록 밝고 사랑스러운 이유를 분명히 알 수 있었다.

인터뷰를 마무리할 무렵 J의 어머니는 이런 말을 했다.

"장애자녀를 둔 부모는 순간순간이 치열해요. 당연히 건강한 아이에 비해 늘 긴장되고 손이 많이 가죠. 하지만 아이가 잘 자라는 모습에 힘든 건 금방 잊어요. 그렇게 우리 가족 모두가 하루하루를 열심히 살아가는 거죠."

눈가와 입매에 웃음이 가득한 J의 어머니에게 입양사실과 J의 장애는 아무런 문제가 되지 않았다. 그저 아이의 존재에게서 비롯된 행복의 민낯을 힘껏 받아들이는 사람이었다. 입양아를 표현할 때 '가슴으로 낳은 자식'이란 말을 자주 하는데, 내가 본 J의 어머니는 가슴으로 낳기 전 이미 J를 운명으로 낳은 '엄마'였다.

'아이를 키우는 기쁨'이 말하는 추상적인 행복은 여전히 실감 나지 않는다. 하지만 H의 어머니와 J의 어머니를 만난 이후 엄마라는 존재가 숭고한 이유를 또렷하게 느꼈다. 자식을 향해 무한대로 힘을 낼 수 있는 존재이자 손에 잡히지 않는 사랑을 잡힐 것처럼 확실하게 뿜어내는 존재로서의 엄마. 나는 이들로부터 '엄마'를 배웠다.

작가들의 만남

한 번씩
소속감이
필요할 때

 함께 일할 동료가 없는 프리랜서로 몇 년째 지내다 보니
궁금한 게 참 많다. 남들도 나처럼 아침 일찍 일어나 일을
시작하는지, 점심식사는 어떻게 해결하는지, 별도의 작업실
이 있는지, 혼자 일하며 어려운 점은 없는지 등등. 보다 은밀
한 궁금증으로는 고료는 대강 얼마쯤 받는지, 일감은 어디
서 얻어오는지, 알음알음 소개로 일을 얻는 경우가 많다는
프리랜서들의 생태계가 사실인지 등이다.

 이런 정보들은 구직사이트를 아무리 뒤져봐도 없다. 내가
살면서 만나본 프리랜서 작가라고는 언젠가 계약서에 도장

을 찍으러 방문한 클라이언트의 회의실에서 잠시 인사를 주고받은 작가 몇 명이 고작이었다. 그것도 계약서 때문에 모인 자리에서 처음 만난 작가들끼리 "그쪽은 장당 고료가 얼마나 되세요?" "몇 시부터 일을 시작하세요?" 이런 질문을 주고받을 수는 없지 않나.

무엇보다 이런 의문을 속에 꽁쳐둘 수밖에 없는 이유는 프리랜서들의 커뮤니티가 거의 전무한 환경 탓이 가장 크다. 일단 이름처럼 '프리'한 존재들이 소속감이 분명한 커뮤니티에 몸담는다는 자체가 말이 안 된다. 소속감을 즐길 사람이라면 애초에 정규직을 고수했을 터다. 간혹 프리랜서 작가들의 온라인 카페가 눈에 들어오기도 하는데, 자세히 살펴보면 몇 년간 새 글이나 소식이 없는 경우가 다반사다. 프리랜서의 길을 선택한다는 것은 '각자도생'의 각오가 포함된다는 당연한 이치가 뒤따르기에 프리랜서 작가들의 교류와 정보교환은 유토피아에서나 벌어질 풍경이다.

그런 날을 보내던 중에 반가운 메일이 날아들었다. 연말이었다. 가끔 일감을 제안하는 에이전시로부터 온 메일이었다. 자세한 수치는 모르겠으나 그 에이전시에서 관리하는 필진이 천 명이 넘고, 활발하게 활동하는 필진은 수백 명이라 들은 적 있었다. 그 활발한 필진에 나도 포함되어 있었다. 함께 일한 지 몇 달 안 된 에이전시라 호기심이 다분한 상태였는데, 그곳에서 작가 몇 명을 초대해 송년회를 열 생각이라며 참석 여부를 묻고 있었다. 비슷한 처지의 작가들과의 교류에 목이 마르다 못해 칼칼했던 나는 고민도 없이 참석하겠다는 답신을 적어 보냈다.

　이후 몇 번의 안내메일을 더 받았다. 10~20명 사이의 작가들을 초대해 가벼운 저녁식사와 술자리를 갖는다고 했다. 시간대와 날짜는 투표로 정해진 것 같았다. 강남의 어느 공간을 대여한 그 모임은 평일 저녁 6시에 시작된다고 했다. 취재를 마치고 강남역에 도착하니 오후 4시경. 아직 시간이 넉넉히 남은 관계로 카페에서 커피를 마시며 그날 취재한 것을 정리하며 모임 때까지 시간을 때웠다. 모임시간이 가까워올수록 나름의 기대가 몽글몽글 샘솟고 있었다.

　'처음 보는 작가들이 많은데 좋은 인상을 심어줘야겠지.'

　'오늘 자리로 서로 친목을 다질 정도로 친해질 수 있을까?'

　'업계 소식도 서로 많이 공유할 수 있으면 좋을 텐데.'

이런 생각들을 하며 눈 화장을 고치고, 아메리카노를 마신 처지라 양치질도 하며 준비를 마쳤다. 가방 속 명함집에 두둑이 챙겨온 명함도 체크했다. 그리고 출발.

횡단보도 몇 개를 건너 모임장소를 찾았다. 장소는 재밌는 구조로 되어 있었다. 지하에 편의점이 하나 있고, 편의점 안에 벽인지 문인지 알 수 없는 철문을 열면 그 안에 펍처럼 꾸며진 공간이 나왔다. 들어서자마자 앞에 서 있던 일행의 눈길이 단번에 내게 몰렸다.

"성함이 어떻게 되시죠?"

"아, 저는 도란 작가인데요."

그 순간 일행의 눈은 더욱 또렷해졌고, 내게 제대로 모임을 찾아왔다는 확신이 들게 해줬다. 그들은 에이전시의 대표와 직원들이었다. 구면인 사람도 있고 초면인 사람도 있었다. 반갑게 인사를 나누고 미리 준비해둔 명찰을 받아 옷에 끼운 후 테이블 쪽으로 다가갔다. 20명은 거뜬히 앉을 수 있도록 테이블과 의자가 정리되어 있었다. 거기에는 나보다 먼저 온 여성 작가 2명이 있었는데, 테이블의 가장 끝에서 딱히 말을 주고받진 않는 어색한 자세로 앉아 있었다.

그 둘에게 인사를 한 뒤 잠시 자리를 고민했다. 그녀들 바로 옆에 앉아야 할지, 더 많은 작가들과 이야기를 할 수 있게 가운데 앉아야 할지 고민하다 가운데로 갔다. 그리고 잠시 후 나는 아차 싶었다. 그저 많은 사람들과 교류하고 싶어 가운데 앉은 내 행동이 본인들과 가까이하고 싶지 않다는 무언의 메시지로 보였을 거란 생각이 들어서였다. 하지만 깨달았다고 해서 다시 자리를 옮기기에는 애매했고, 잠시 후 나는 이 선택을 조금 후회하게 되었다.

본래 모임 시간보다 10분쯤 늦게 도착했음에도 도착한 작가는 나를 포함한 3명이었다. 어색한 침묵을 고문처럼 여기는 내가 버티기엔 몹시 어려운 자리였다. 이후 여성 작가 1명과 남성 작가 1명이 더 왔고, 에이전시 직원들이 자리에 착석하며 이날의 모든 인원이 모였다. 생각보다 적은 인원이라 조금 놀랐지만, 에이전시에서 10~20명 사이로 초대한 것은 아마 사실일 것이다. 앞에 언급한 바와 같이 각자도생, 자유로운 업무방식을 선택한 프리랜서들이 이런 자리를 즐길 거라 결코 기대할 수 없으므로.

그렇게 어색한 5명의 작가와 3명의 에이전시 직원 간의 조촐한 송년회가 시작되었다. 에이전시에서 준비해둔 초밥에 맥주를 곁들여 가벼운 저녁식사와 담소가 시작되었다. 이 시점에서 나는 앞서 말한 후회를 시작했는데, 나를 기점으로 왼쪽에는 여성 작가들이 모여 앉았고 오른쪽에 남성 작가와 에이전시의 남성 직원들이 앉았기 때문이었다. 다 큰 성인들이고 비슷한 직업을 가진 입장에서 남녀를 구분해 앉을 정도로 자리에 민감할 줄은 상상도 못 했다. 의도치 않게 나는 어정쩡한 자리에 앉아 어디에도 끼지 못하는 처지가 되고 말았다.

군이 남성들과 가까이 앉고 싶었던 것은 아닌데 그런 사람처럼 보였고, 또 군이 여성들하고만 대화를 나누고 싶진 않았기에 등 돌려 앉을 수도 없었다. 왼쪽에서는 여성들이 연예인 이야기를 하고 있었다. 간혹 귓속말까지 하면서 말이다. 오른쪽에서는 남성들이 스포츠와 연예인 찌라시 등의 이야기를 나눴다. 양쪽 다 내가 기대한 대화소재가 아니라 내키지 않았지만 귓속말엔 도무지 끼고 싶지 않아서 남성들의 대화로 몸을 돌렸다.

잠자코 초밥에 맥주를 먹으며 그들의 이야기에 동조하는 제스처를 취하고 있었는데 아무래도 화제 전환을 시도해야겠다 싶었다. 이대로 연예인 찌라시와 알지도 못하는 스포츠 선수, 게임 이야기만 들을 순 없었다. 이런 이야기를 듣기 위해 카페에서 시간을 죽여가며 찾아온 모임이 아니었다.

"아, 그런데 여기 계신 분들은 프리랜서 경력이 얼마나 되세요? 저는 이제 겨우 4년 됐거든요. 그래서 아는 게 별로 없어서 많이 궁금하고 그래요."

머쓱하게 웃으며 말을 돌렸다. 이쯤이면 싫은 티 안 내고 말을 잘 돌렸다고 생각했을 때 남성 작가가 내게 훅 하고 질문을 던졌다.

"프리랜서 4년이면 길이 좀 보여요?"

"네? 무슨 길이요?"

아니, 피카소를 능가하는 이 추상적 질문은 뭘까.

"제가 아는 선배들이 말하기를, 프리랜서 생활 3년이 넘어가면 이 바닥이 훤해진다더라고요."

"글쎄요. 저는 아직 뭐가 훤한지 잘 모르겠는데…."

"그럼 그동안 일이 끊겨서 고생하거나 불안한 적은 없으셨어요?"

"네, 저는 운이 좋았던 건지 아직 일이 끊겨본 적은 없어요. 작가님은 어떠셨어요? 일이 끊겼거나 그런 시점이 있으셨나요?"

"아, 저는 프리랜서 시작한 지 아직 몇 달 안 돼서 잘 모르겠어요."

소득 없는 문답을 주고받은 뒤 오른쪽 테이블의 주제는 다시 연예인 찌라시로 돌아갔다. 특히 남성 작가는 간혹 본인이 아는 작가와 아는 선배의 이름을 계속 언급했는데, 그들의 유명세에 힘입어 괜찮은 리그의 작가라고 자신을 포장하는 느낌이었다. 문제는 내가 그들의 이름을 모두 처음 들어본 터라 맞장구를 쳐줄 수 없었다는 거다. 이런 식으로 대화를 이어갈 수 없기에 나는 공모전과 글쓰기 플랫폼에 대한 질문을 살짝 던져봤는데, 사람들의 구미를 당기지 못했는지 대화는 '기승전 찌라시'로 계속 돌아갔다.

양쪽에서 연예인 이야기가 폭주했다. 그 와중에 왼쪽 테이블 여성 작가들은 애초에 자리를 잘못 잡은 내가 못마땅했는지 계속 등을 돌려 나를 외면한 상태로 이야기를 나눴다. 게다가 내 정면 자리는 공석이었다.

그러던 중 왼쪽 테이블에서 웹툰 이야기가 나왔다. 그러자 오른쪽 테이블의 남성 작가가 그 웹툰 이야기에 합류했고, 그제야 왼쪽과 오른쪽의 경계가 허물어져 왁자지껄한 웹툰 작가들의 찌라시 이야기로 대동단결했다. 이쯤에서 나는 프리랜서 생태계고 뭐고, 피곤한 이야기에서 탈출하고 싶었다. 왼쪽 여성 작가들에게 내가 들은 말은 딱 한 마디였다. 그쪽이 남긴 연어초밥 먹어도 되냐고.

별다른 말은 하지 않은 채 간간히 웃음 지어가며 나는 이런 생각에 잠겼다.

'이 자리, 나만 불편할까?'

연예인 뒷담화나 하려고 작가들이 여기에 모인 걸까? 설마 아닐 것이다. 다들 작가라는 칭호를 얻기 위해, 안정적인 정규직 세계에서 홀로 세상으로 뛰쳐나와 프리랜서가 되기 위해 얼마나 노력했을지 알 만한 사람들끼리 모여서 진정 연예인 이야기를 하고 싶었을까? 고작 무슨 웹툰이 재밌고, 어느 웹툰 작가가 예능에 나오는지 목에 핏대를 세우려고?

그건 아닐 것이다. 시끄러운 양쪽 테이블에서 작가들이 정작 나누고 싶었던 건 소속감이 아니었을까? 회사 간판 같은 소속감을 말하는 게 아니다. 프리랜서로 자립한 '나'의 존재가 이 영역에, 이 바닥에 존재한다는 소속감을 느끼고 싶어서 온 사람들이 아닐는지. 정보라고는 깜깜한 이 업계에서 나는 사라지지 않고 이렇게 잘 버티고 있다고 말이다. 그런 존재감을 가진 다른 이들의 얼굴이 궁금했거나 동지의식 비숫한 걸 추억하고 싶었는지도 모른다. 하지만 그런 진지한 이야기를 하기엔 이 자리가 몹시 낯설고 가벼운 나머지 긴 긴 시간 연예인 이야기와 웹툰 이야기에 목소리와 에너지를 사용했으리라. 나는 그렇게 짐작했다.

따분한 자리에서 두 시간가량 버틴 나는 9시가 되기 전 먼저 일어나겠다며 가방을 챙겼다. 내가 연예인 이야기에 동조하거나 감탄하지 않아서 마음에 안 들었는지, 그 자리에 있던 작가들은 별로 아쉬워하는 기색이 없었다. 그렇다고 내가 나간 뒤 그들이 굉장한 친목을 다져 커뮤니티로 발전할 가능성도 없어 보였다. 연예인 뒷담화로 지속된 자리에서 제대로 된 인맥이 생기는 걸 나는 한 번도 본 적이 없다.

송년회 이후 그들의 소식이나 또 다른 모임 소식은 없었다. 오랫동안 함께 작업할 작가들과의 관계를 공고히 하기 위해 마련된 듯한 그 자리에서 에이전시 측도 별다른 소득이 없었을 거라 추측할 뿐이다.

이제 어디서 어떻게 쓰면서 사는지 알 길이 없는 그날의 작가들. 혼자 일하는 존재라는 생각이 드는 날은 문득 그날의 떫은 공기가 떠오른다. 다시 생각해봐도 그들이 그저 연예인 이야기를 하고 싶어서, 공짜 초밥에 맥주가 너무 먹고 싶어서 그 자리에 왔을 거란 생각이 들진 않는다.

비슷한 처지의 작가들끼리 모인다는 사실에 기대고 싶었을 거라 생각하는 게 오히려 진실에 가까울 것이다. 자신이 작가라는 사실이 가끔 믿기지 않을 때, 프리랜서로 살아감에 있어 문득 밀려오는 불안감에 저항하고 싶은 그런 때, 한 번씩 소속감이라는 공기를 마시고 싶어서 그 자리에 발을 들였을 거라 생각해본다. 내가 그러했듯이.

내 삶의 성적표를 받았다

얼마 전 메신저로 사진 한 장을 전송받았다. 함께 취재를 나갔던 담당자가 촬영을 맡고 있었는데, 카메라에 우연히 내 사진 한 장이 찍힌 모양이었다.

"기자님, 잘못 찍힌 사진이긴 한데 엄청 해맑게 웃고 계시네요!"

사진 속의 나는 뜨겁게 햇볕이 내리쬐는 마당에서 촬영과 인터뷰가 끝나자 소품을 들고 차로 돌아가는 중이었는데, 담당자 말대로 그지없이 해맑은 얼굴이었다. 눈동자가 보이지 않도록 눈매의 곡선이 한껏 휘어졌고, 치아가 가득 드러나도록 웃는 바람에 안 그래도 통통한 얼굴이 더 동그랗게 보였다. 평소의 나는 아무 생각 없이 있을 때 화났냐는 질문을 자주 받는다. '웃는 상'이 아니기에 사진 속 넘치게 웃고 있는 나는 마치 다른 사람처럼, 낯익은 지인처럼 느껴지기도 했다.

회사에 다닐 때도 종종 사진에 찍히곤 했다. 전 직원이 열을 맞춰 찍는 단체사진, 회사의 외부행사에 동원되어 하루 종일 서서 안내를 맡았을 때 찍힌 사진, 워크숍에서 나도 모르게 찍힌 사진 속 못생긴 얼굴.

그중에서도 가장 싫었던 사진은 워크숍에서 억지로 의자 위에 올라가 춤을 추다 찍힌 것이었다. 내가 3년 넘게 몸담 았던 어느 회사는 매년 워크숍을 갔는데, 성별과 직급을 두루 섞어 7~8명씩 조를 짜고 반드시 사원, 주임, 대리급의 여성 직원을 조장으로 정했다. 직급이 낮은 여성 직원을 조장으로 정하는 이유는 아주 간단했다. 오락시간에 조장들을 의자 위나 테이블 앞에 세워 춤을 시키는 문화가 있었기 때문이다. 춤을 출 때는 최대한 흥하고 웃기게, 사람들의 웃음과 환호를 한껏 끌어내야 춤을 끝낼 수 있었다. 내 뜻대로 춤을 끝내거나 안 하겠다고 거부할 수 없었다. 내가 의자 위에서 억지로 춤을 출 때 사람들은 떠들썩하게 웃었고, 나는 속으로 울었다.

어처구니없는 조직문화의 기업들을 9년간 거치며, 사진 속 나는 못생기고 불편했다. 그 불편한 얼굴은 방어하기 위해 만들어낸 페르소나일 수도 있다. 나는 그리 호락호락한 사람이 아니라고, 나를 곤경에 빠뜨리지 말아달라고, 불행한 얼굴로 사진을 찍고 싶지 않다며 어두운 낯빛의 가면을 쓴다. 태어난 지 몇 달 안 된 강아지도 지독한 송곳니가 있고 마음에 들지 않는 상황이 되면 낮은 목소리로 그르렁댄다. 그 시절 나의 페르소나는 하룻강아지의 작은 송곳니와 뭐가 다를까.

그렇게 지난했던 회사원 시절을 거쳐 프리랜서로 산 지 올해로 5년째. 사진 속 나는 불행하지 않고 그르렁대지도 않는다. 과거에 비해 건강해진 영향인지 조금 통통해진 얼굴로 근심 없이 활짝 웃는다. 맞지 않는 갑옷을 전쟁터에 버리고 집에 돌아와 편한 옷으로 갈아입은 것처럼 너그러운 얼굴이다. 우연히 찍힌 사진은 충분히 좋은 삶을 살고 있다며 현재를 확인해주는 성적표와 같았다.

9년간 폭염이 계속되었고 드디어 서늘한 가을바람이 불어오는 시절이 왔다고 느껴진다. 이제는 내 뜻대로 살 수 있고 조직의 톱니바퀴로 억지웃음 짓지 않는다. 프리랜서로 살며 아프면 마음껏 아프고 슬플 땐 마음껏 슬퍼하고 기쁨을 실컷 내색할 수 있어서 지금의 나는 확실히 행복하다.

끝으로 행복을 확신하기까지 나의 모든 선택을 지지해준 남편에게 사랑과 감사를 전한다. 함께 일하며 웃고 시간을 공유했던 업무 담당자들과 부족한 나를 신뢰해준 클라이언트에게도 조촐한 감사를 전하고 싶다. 자유롭게 일하는 대신 외로움을 견뎌야 하는 생활에 위로를 나눠준 모든 지인에게 평소 드러내지 못했던 애정도 이 글월을 빌어 건넨다.

프리랜서지만 잘 먹고 잘 삽니다

초판 1쇄 발행 2020년 1월 10일

지은이 도란
펴낸곳 원앤원북스
펴낸이 오운영
경영총괄 박종명
편집 최윤정 · 김효주 · 이광민 · 강혜지 · 이한나
마케팅 안대현 · 문준영
등록번호 제2018-000058호(2018년 1월 23일)
주소 04091 서울시 마포구 토정로 222 한국출판콘텐츠센터 319호 (신수동)
전화 (02)719-7735 | **팩스** (02)719-7736
이메일 onobooks2018@naver.com | **블로그** blog.naver.com/onobooks2018
값 15,000원
ISBN 979-11-7043-050-6 03320

이 도서의 국립중앙도서관 출판예정도서목록(CIP)은 서지정보유통지원시스템 홈페이지(http://seoji.nl.go.kr)와
국가자료종합목록 구축시스템(http://kolis-net.nl.go.kr)에서 이용하실 수 있습니다.(CIP제어번호 : CIP2019052788)

※ 원앤원북스는 독자 여러분의 소중한 아이디어와 원고 투고를 기다리고 있습니다.
원고가 있으신 분은 onobooks2018@naver.com으로 간단한 기획의도와 개요, 연락처를 보내주세요.